Efemérides
MEXICANAS

D1736989

Mitología,
Leyendas e Historia
Colección Librería
Libros de todo para todos

Efemérides
MEXICANAS

EMU *editores mexicanos unidos, s. a.*

EMU

D. R. © Editores Mexicanos Unidos, S. A.
Luis González Obregón 5-B, Col. Centro,
Cuauhtémoc, 06020, D. F.
Tels. 55 21 88 70 al 74
Fax: 55 12 85 16
editmusa@prodigy.net.mx
www.editmusa.com.mx

Coordinación editorial: Juan A. García Acevedo
Diseño de portada: Luis Arturo Rojas Vázquez
Formación: Jorge A. Huerta Montes

Miembro de la Cámara Nacional
de la Industria Editorial. Reg. Núm. 115.

1a edición: abril de 2007

ISBN 978-968-15-2293-3

Impreso en México
Printed in Mexico

Efemérides

Enero

1

1573. Fray Alonso de la Veracruz funda en la Ciudad de México el Colegio de San Pedro y San Pablo, que después se llamará Real de San Ildefonso (posteriormente será la sede de la Escuela Nacional Preparatoria).

1575. Se funda la villa de Celaya, que en vasco quiere decir "lugar plano".

1772. Se publica *La Gaceta de México*, primer periódico del país.

1792. Se funda el Colegio de Minería.

1873. Natalicio del escritor Mariano Azuela, autor de la novela *Los de abajo*.

2

1838. Los pobladores de la Alta California, españoles y colonos estadunidenses, sobre todo de Los Ángeles, manifiestan abiertamente su desobediencia a las leyes mexicanas y se declaran independientes de México.

1871. Muere en la Ciudad de México la digna dama oaxaqueña doña Margarita Maza de Juárez, abnegada y patriota esposa del presidente don Benito Juárez.

3

1924. Es fusilado en Mérida, Yucatán, Felipe Carrillo Puerto, quien naciera el 28 de febrero de 1874, en Motul, Yucatán. Carrillo Puerto fue impulsor de los derechos políticos y sociales de los indígenas y las mujeres.

4

Día del periodista.

1803. Toma posesión del gobierno de la Nueva España el 56o. virrey, Félix de Iturrigaray, quien prolongará su mandato hasta el 16 de septiembre de 1808.

1846. El general Mariano Paredes Arrillaga es nombrado presidente provisional de la República.

1847. Ingresa al Colegio Militar el joven de trece años Francisco Márquez, originario de la ciudad de Guadalajara, Jalisco, precisamente cuando las tropas invasoras estadunidenses, al mando del general Zacarías Taylor, se encontraban en Saltillo, Coahuila.

1825. La Independencia de México es reconocida por Gran Bretaña.

5

1543. Desembarca en el puerto de San Francisco de Campeche fray Bartolomé de las Casas, quien se distinguirá como evangelizador, educador, historiador de las cosas de estas tierras y defensor incansable de los aborígenes de la Nueva España.

1814. Batalla de Puruarán. Luego de haber sido derrotado en Valladolid, José María Morelos enfrenta en Puruarán, Michoacán, a las tropas realistas de Ciriaco del Llano.

1814. Nace en la hacienda de Pateo, Michoacán, Melchor Ocampo, quien se distinguirá como abogado liberal y será considerado ideólogo y mártir de las leyes de Reforma. Muere fusilado por los conservadores en Tepeji del Río (hoy estado de Hidalgo) el 3 de junio de 1861. Sus restos reposan actualmente en la Rotonda de los Hombres Ilustres.

1822. Guatemala —que incluía las provincias centroamericanas del Soconusco y lo que ahora son los países de El Salvador, Honduras, Nicaragua y Costa Rica— es anexada al Imperio Mexicano por Agustín de Iturbide. Sin embargo, un año más tarde, el imperio colapsa y Guatemala y sus provincias se separan de México, excepto Chiapas, que decide voluntariamente permanecer como parte de la república mexicana.

1823. Nace en la Ciudad de México José María Iglesias, quien se distinguirá como un notable jurisconsulto y político honesto que ocupará la presidencia de la república del 28 de octubre de 1876 al 17 de enero de 1877.

6

Día de la enfermera.

1536. Por instancias del virrey Antonio de Mendoza y del obispo Zumárraga, se funda el Colegio de Santa Cruz de Tlatelolco, para la educación superior de los naturales de estas tierras.

1542. Francisco de Montejo y León, hijo de Francisco de Montejo, funda en el asiento autóctono T-Ho, la Villa de Mérida (hoy capital del estado de Yucatán). Se le dio tal nombre por la similitud de sus construcciones con las romanas de la ciudad española llamada así: edificios de cal y cantera bien labrados y con muchas molduras.

7

1862. Desembarcan en el puerto de Veracruz las tropas francesas de intervención, al mando del comandante Jurién de Graviere, quien viene a presionar al gobierno mexicano para el pago de la deuda externa de México.

1897. Nace en la Ciudad de México Luis Enrique Erro, quien será un destacado científico, astrónomo y escritor. Su labor en el ámbito educativo nacional contribuyó a la creación del Instituto Politécnico Nacional en 1936. El ingeniero Erro fallecería el 18 de enero de 1955.

1907. Conmemoración de los Mártires de Río Blanco, movimiento promovido en Veracruz por el Gran Círculo de Obreros Libres en contra de Porfirio Díaz.

1986. Muere en la Ciudad de México Juan Nepomuceno Carlos Pérez Rulfo Vizcaíno, mejor conocido como Juan Rulfo, máximo representante de la literatura hispanoamericana y autor de las mundialmente famosas obras: *Pedro Páramo* y *El llano en llamas.*

8

1824. Nace en la ciudad de San Luis Potosí Francisco González Bocanegra, quien pasó a la historia por ser el autor de la letra del Himno Nacional Mexicano.

1910. Primer vuelo aéreo en México. El señor Alberto Braniff logra elevarse en los llanos de Balbuena de la Ciudad de México y recorre kilómetro y medio a una altura de 25 metros con una velocidad de 56 kilómetros por hora. Su avión Voisin, con un peso de 605 kilos, fue construido en París por Gabriel Voisin.

9

1521. Inicia su gobierno, Cuauhtémoc, el último emperador azteca. No hubo ceremonia alguna pues su pueblo se encontraba en guerra con los conquistadores españoles.

1900. Muere en la Ciudad de México, Felipe Berriozábal, ingeniero y general republicano, héroe de la batalla del 5 de mayo de 1862 en Puebla.

10

1821. Agustín de Iturbide es nombrado por el virrey Apodaca comandante general del Ejército del Sur, con órdenes precisas de acabar para siempre con la resistencia insurgente encabezada por Vicente Guerrero. Al ver el propio Iturbide lo difícil de esa empresa, resuelve mejor buscar la colaboración del jefe insurgente. Por tal motivo, en esta fecha le escribe una carta pidiéndole sujetarse al gobierno español a cambio del indulto y otros reconocimientos.

1862. Las fuerzas aliadas de Inglaterra, Francia y España, acantonadas en el puerto de Veracruz, lanzan un manifiesto en el que dan a conocer sus pretensiones contra México, con objeto de lograr el pago de la deuda externa.

11

1847. El general español Andrés Pico, gobernador de la Alta California y comandante de las fuerzas mexicanas en aquella región nacional, después de haber hecho una pantomima de defensa del territorio nacional, firma en esta fecha con el general John C. Fremont, el Tratado de Cahuenga, por el que entrega la Alta California a Estados Unidos. Para celebrar esta rendición, las fuerzas estadunidenses ocupan Los Ángeles, capital del departamento mexicano. Más tarde Andrés Pico se naturaliza estadunidense y para 1859 será senador por California.

1858. El presidente Ignacio Comonfort, confabulado con los golpistas conservadores, disuelve en esta fecha el Congreso.

1861. Juárez llega a la Ciudad de México después de que las tropas de la república, al mando del general Jesús González Ortega, entraran victoriosas a la misma capital tras la penosa y sangrienta Guerra de los Tres Años o de Reforma. Juárez restablece los Supremos Poderes Federales.

12

1571. El rey Felipe II ordena el establecimiento de la Inquisición en la Nueva España, destinada a conocer los delitos en materia de fe y costumbres. Los aborígenes quedaban fuera de su jurisdicción. El Santo Oficio o Tribunal del mismo, será instaurado el 28 de julio del mismo año y su primer presidente será el arzobispo Pedro Moya y Contreras.

1821. Vicente Guerrero y sus insurgentes se enfrentan a las fuerzas de Iturbide en Zapotepec, cerca de la costa. Los insurgentes destrozan una compañía de granaderos del ejército de Iturbide.

1861. El presidente Juárez ordena la expulsión de los representantes de España, Francisco Pacheco; de Guatemala, Felipe Neri; de Ecuador, Francisco Pastor y al nuncio pontificio, por inmiscuirse en asuntos políticos del país al tomar partido en favor de los conservadores.

13

1876. Nace en la Ciudad de México Juan Sánchez Azcona, comprometido revolucionario, periodista, político y escritor. Ha de morir en su ciudad natal el 18 de mayo de 1938.

1920. Muere en la Ciudad de México el preclaro científico guanajuatense, doctor Eduardo Liceaga, verdadero defensor de la salud. A él se deben la construcción del alcantarillado y las obras para la introducción del agua potable a la capital del país.

1977. Se expide el decreto que crea el Sistema Nacional para el Desarrollo Integral de la Familia (DIF).

14

1811. La *Nao de China* o *Galeón de Manila* toca el puerto de San Blas (en el actual estado de Nayarit), en lo que sería su último viaje a la Nueva España, convulsionada por la Guerra de Independencia.

1866. Se funda el Conservatorio Nacional de Música a instancias y con el apoyo de la Sociedad Filarmónica Mexicana integrada, entre otros, por Tomás León, Eduardo Liceaga y Antonio García Cubas.

1931. Ocurre en la mitad del territorio nacional un fuerte sismo de seis grados en la escala de Mercalli, con una duración de cuatro minutos. Afecta a Oaxaca, Puebla, Guerrero, Tlaxcala, Veracruz, México, Michoacán, Distrito Federal, Guanajuato, Querétaro, Hidalgo, Tabasco, Campeche y Chiapas. Su epicentro se localizó en Huajuapan de León, Oaxaca.

15

Día de la masonería mexicana.

Día del compositor.

1814. Nace en Tixcaltuyú, Yucatán, Justo Sierra O'Reilly, quien habrá de distinguirse como jurisconsulto, político, periodista y diplomático.

1851. Toma posesión de la presidencia de la república el general Mariano Arista, quien se rodea de políticos moderados.

1869. Creación del estado de Hidalgo.

16

1861. Una vez instalado el gobierno del presidente Juárez en la capital del país, después de un largo peregrinar por el territorio nacional, se publican las *Leyes de Reforma* expedidas anteriormente en el puerto de Veracruz.

1826. Natalicio de Mariano Escobedo.

1915. Eulalio Gutiérrez, presidente provisional de la república, después de lanzar un manifiesto acusando a Pancho Villa de peculado moral y económico, abandona la capital y toma camino a Pachuca, Hidalgo. Escoltado por las tropas de José Isabel Robles y las de Lucio Blanco, es acompañado también por José Vasconcelos y otros políticos seguidores de esa facción ejecutiva.

1952. Se publica en el Diario Oficial de la Federación el decreto del 31 de diciembre de 1951, por el que se eleva a la categoría de estado libre y soberano de la república, el territorio de Baja California.

17

1821. El gobierno de la Nueva España expide permiso al ciudadano estadunidense Moisés Austin, para colonizar con trescientas familias el territorio de Texas. Como requisito se le señaló que estas familias deberían ser católicas y de nacionalidad europea (lo que no cumpliría Austin).

1811. Derrota de Miguel Hidalgo en la batalla de Puente de Calderón.

18

1775. Nace en la hacienda de La Daga, de Lagos (hoy de Moreno), Jalisco, Pedro Moreno, quien en 1814 se levantará en armas en favor de la independencia nacional y se fortificará en el fuerte del Sombrero. Junto con Francisco Javier Mina, liberal español, librará tenaces batallas en favor de la causa insurgente. Morirá el 27 de octubre de 1817 durante una batalla en defensa de la libertad de México, en la provincia de Guanajuato.

1868. De acuerdo con la Ley Orgánica de Instrucción Pública de 1857, y al restaurarse la república, el presidente Juárez comisiona al doctor Gabino Barreda para que inicie una reforma educativa y funde, bajo el lema de la filosofía positivista, la Escuela Nacional Preparatoria, que deberá iniciar sus cursos el 1o. de febrero de este mismo año.

19

1858. Ante el golpe de Estado dado por el propio presidente Comonfort, quien se confabuló con los conservadores del Plan de Tacubaya, Benito Juárez —que fungía como presidente de la Suprema Corte de Justicia de la Nación— asume por mandato de ley la presidencia constitucional de la república en la ciudad de Guanajuato, bajo la protección del gobernador liberal Manuel Doblado.

1943. Manuel Ávila Camacho decreta la Ley de Seguridad Social.

1869. Nace en Coatepec, Veracruz, María Enriqueta Camarillo Roa, quien habrá de distinguirse como educadora, escritora y periodista. Entre sus obras destacará el texto pedagógico *Rosas de la infancia*.

1948. Justo Sierra es declarado Maestro de América. Fue un destacado promotor de la educación universitaria en México y guía del grupo modernista. Nace el 26 de enero de 1848 y muere el 13 de septiembre de 1912.

20

1523. Se funda la villa de Colima (hoy ciudad capital del estado del mismo nombre).

1576. Se funda la villa de León (hoy ciudad del estado de Guanajuato).

1913. Fallece José Guadalupe Posada, grabador antiporfirista.

1869. El presidente Juárez decreta que a partir de esta fecha entre en vigor la Ley del Juicio de Amparo.

21

1769. Natalicio de Ignacio Allende (la bandera se iza a toda asta).

1821. Morelos derrota al realista Calleja Portier en Tenancingo.

1656. Se funda la villa de Querétaro (hoy ciudad capital del mismo estado).

22

1575. El capitán Alberto del Canto funda la villa de Santiago de Saltillo (hoy ciudad capital del estado de Coahuila), de la que fue su primer alcalde mayor.

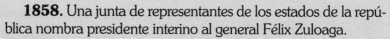

1858. Una junta de representantes de los estados de la república nombra presidente interino al general Félix Zuloaga.

1873. Se inaugura el servicio de ferrocarril México-Veracruz.

23

1618. Apertura del Colegio de San Ildefonso.

1862. El presidente Juárez expide una ley contra los traidores a la patria y los invasores extranjeros.

1942. Se publica la primera ley federal de educación.

24

1812. Abolición de la pena de muerte.

1917. Los constituyentes de Querétaro aprueban el artículo 115 de la Carta Magna, que implanta el municipio libre, por un ayuntamiento de elección popular, sin autoridad intermedia entre él y el gobierno estatal.

25

1553. Inaugura sus cursos la Real Universidad de México durante el gobierno virreinal de Luis de Velasco. Esta instauración es en cumplimiento de la real cédula del emperador Carlos V, firmada por el regente del reino, su hijo Felipe II, el 21 de septiembre de 1551.

26

1847. Los batallones denominados "los polkos" (liberales moderados), dirigidos por el general Matías de la Peña Barragán, se sublevan contra el gobierno de Valentín Gómez Farías, con el pretexto de que éste había decretado la ocupación de los bienes de la Iglesia para agenciarse fondos destinados a sostener la guerra contra los invasores estadunidense.

1848. Nace en la ciudad y puerto de Campeche (del hoy estado del mismo nombre y antiguo distrito de Yucatán), Justo Sierra Méndez, quien habrá de distinguirse como político, educador, escritor y diplomático. Será diputado al Congreso de la Unión, magistrado de la Suprema Corte, subsecretario de Instrucción Pública, ministro del mismo ramo y ministro plenipotenciario de México en España, donde ha de morir el 13 de septiembre de 1912.

27

1790. Nace en Santa María de la Concepción o barrio de la Tachuela (hoy Atoyac de Álvarez, Guerrero), Juan N. Álvarez, quien habrá de distinguirse como soldado valiente en la lucha por la independencia nacional. Fue el primer gobernador de su entidad, al crearse en 1849. En 1854 acaudilló el Plan de Ayutla y fue presidente de la república en 1855.

1857. Durante el gobierno de don Ignacio Comonfort se expide la Ley de Registro Civil, de franca exclusión hacia la Iglesia, la que hasta entonces había manejado los asuntos relativos a nacimientos, casamientos y muertes. Ha de entrar en vigor el día 30 de este mes y año.

28

1915. El general Álvaro Obregón del Ejército Constitucionalista, fortalecido y bien pertrechado, ocupa la Ciudad de México y enfrenta a los disidentes de las fuerzas de la Convención Nacional Revolucionaria, al presidente convencionalista Roque González Garza y a los zapatistas.

1961. Creación del Instituto Nacional de Protección a la Infancia, ahora DIF.

1928. Se crea el Departamento de Educación Rural.

1953. Se publica el decreto que crea la medalla Belisario Domínguez, que otorga el Senado de la República a mexicanos destacados que contribuyen al engrandecimiento del país.

29

1970. Se expide el decreto que otorga a los mexicanos el voto a los dieciocho años de edad.

30

1850. Se instala en la ciudad de Iguala, Guerrero, el primer congreso constituyente del recién creado estado de la republica mexicana. En esta ciudad se asientan los poderes y ha de fungir como capital desde esta fecha hasta su cambio a la ciudad de Tixtla, el 21 de marzo de 1854. Los poderes cambian de residencia a Chilpancingo el 8 y 9 de octubre de 1870, donde radican actualmente.

1915. Venustiano Carranza traslada a Veracruz su gobierno.

31

1824. Se crean los estados de Jalisco y Tamaulipas.

1824. Se aprueba el Acta Constitutiva de la Nación Mexicana.

1849. Nace en Tlalnepantla, Estado de México, Gustavo Baz Prada, revolucionario, médico, político y científico. Fundador del Pentatlón Militar Universitario.

1917. Después de sesenta y seis jornadas ordinarias y una más de tres días con carácter permanente, los ciento ochenta y cuatro diputados constituyentes de Querétaro dan fin a las ponencias, muchas de las cuales son razonadas y elocuentes, otras, atropelladas e indoctas, pero todas ellas representan una ideología reformista que culmina este día con la nueva Constitución de la república mexicana, la que habrá de promulgarse el próximo 5 de febrero.

Febrero

1

1868. Inicia sus cursos la Escuela Nacional Preparatoria en el Colegio de San Ildefonso. Su primer director es Gabino Barreda, promotor del sistema educativo.

1832. Plan de Casa Mata. Guadalupe Victoria y Antonio López de Santa Anna fraguan este plan para oponerse al emperador Agustín de Iturbide, por el descontento que prevalece en todo el país por su mal gobierno. La bandera de este plan es la abdicación del emperador y la restitución del congreso disuelto por Iturbide.

1867. Batalla de San Jacinto. Las fuerzas republicanas al mando de los generales Mariano Escobedo, Jerónimo Treviño y los coroneles Pedro Martínez y Francisco O. Arce, atacan y derrotan en Zacatecas a las fuerzas imperialistas del general Miguel Miramón, quien logra huir.

2

1530. Hernán Cortés comisiona a Nuño Beltrán de Guzmán para conquistar "tierras adentro". Éste parte a la conquista del reino de Michoacán.

1779. Muere en la Ciudad de México José Antonio de Alzate, quien nació el 21 de noviembre de 1737, en Ozumba (del hoy estado de México). Se distinguió como ilustre literato, filósofo, teólogo y hombre de ciencia. Reconocido en sus actividades diversas, fue laureado por la Academia de Ciencias de París, Francia, el Jardín Botánico de Madrid y la Sociedad Vascongada, ambas de España.

1848. Tratado de Guadalupe Hidalgo. Se firma en la Villa de Guadalupe Hidalgo, el "Tratado de paz, amistad y límites de Guadalupe Hidalgo", entre nuestro país y Estados Unidos, mediante el cual se da fin a la intervención estadunidense en México. Con este tratado, México pierde los territorios de Texas hasta el Río Bravo, parte de Tamaulipas (entre los ríos Nueces y Bravo), Nuevo México y la Alta California, "a cambio de quince millones de pesos". En representación del presidente mexicano De la Peña y Peña firmaron Bernardo Couto, Miguel Atristain y Luis G. Cuevas; y por parte de Estados Unidos fue signado por Nicholas P. Trist. A pesar de que el Congreso mexicano se opuso al tratado, fue aprobado el 30 de mayo del mismo año, con lo que se confirmó la pérdida de más de dos millones de kilómetros cuadrados de territorio nacional.

1861. Durante el gobierno de Benito Juárez se decreta la Ley de Imprenta, que consagra la libertad de escribir y publicar escritos sobre cualquier materia, sin más límite que el respeto a la vida privada, a la moral y a la paz públicas.

1911. En la población de Nieves, Zacatecas, Luis Moya se adhiere al Plan de San Luis y se levanta en armas en apoyo a Francisco I. Madero.

3

1814. Mariano Matamoros muere en Valladolid, hoy Morelia.

1824. Se vota el acta por la cual se establece la forma de gobierno federal en México.

1854. Es premiado en la Ciudad de México, Francisco González Bocanegra, triunfador en el concurso para componer el Himno Nacional Mexicano, del cual escribió la letra.

1895. Muere en la Ciudad de México, donde naciera el 22 de diciembre de 1859, Manuel Gutiérrez Nájera, distinguido periodista, literato y político liberal.

1939. Por decreto del presidente Lázaro Cárdenas, se crea el Instituto Nacional de Antropología e Historia, y corresponde a don Alfonso Caso ser su primer director.

4

1402. Nace, en la ciudad de Texcoco, Nezahualcóyotl, hijo del rey Ixtlilxóchitl. Desde niño se distinguió por su especial talento. En 1431 ascendió al trono y reorganizó el reino; reconstruyó la ciudad e instauró un gobierno basado en un conjunto de estrictas leyes. Es reconocido como gran estadista, constructor, poeta, filósofo, teólogo, orador y legislador.

1944. México y Estados Unidos firman el convenio para la distribución de las aguas de los ríos Bravo, Colorado y Tijuana.

5

1590. Muere en México fray Bernardino de Sahagún, misionero español.

1857. El Congreso Constituyente proclama y jura la nueva constitución de la república, que entra en vigor el 16 de septiembre del mismo año.

1917. Se promulga la nueva Constitución Política de México que reforma a la de 1857 e incluye las demandas del reciente proceso revolucionario, así como un espíritu progresista y de equidad social. Esta Carta Magna se mantiene vigente actualmente (la bandera se iza a toda asta).

1930. Toma posesión de la presidencia de la república Pascual Ortiz Rubio, quien ese mismo día sufre un atentado y resulta herido.

6

1824. Nace en la Ciudad de México José María Marroquí, quien se distinguió como médico, político, catedrático de literatura, historiador y cónsul de México en España. Murió en su ciudad natal el 24 de abril de 1908.

1917. Se promulga la Ley Electoral, que instituye el voto directo, otorga el derecho al voto a los analfabetos y permite la participación de candidatos independientes.

7

1839. Plenipotenciarios mexicanos y franceses se reúnen en el puerto de Veracruz, para tratar sobre las exageradas indemnizaciones francesas, las que dieron origen a la Guerra de los pasteles.

1858. Ignacio Comonfort, ex presidente de la república, se embarca en el puerto de Veracruz con rumbo a Estados Unidos. Deja al país en crisis debido a la guerra civil que él provocó luego de traicionar a los liberales.

1864. Nace en la ciudad de Durango, Durango, Ricardo Castro, quien se distinguió como pianista y compositor musical de fama internacional. Murió en la Ciudad de México el 28 de noviembre de 1907, siendo director del Conservatorio Nacional de Música.

1903. Nace en Izamal, Yucatán, Ricardo López Méndez, quien se distinguió como exquisito bardo de cuyas poesías harán hermosas canciones Guty Cárdenas, Gabriel Ruiz y Gonzalo Curiel, y que ganarán merecida fama. Entre ellas se encuentran "Nunca", "Mar", "Vereda tropical", "Granito de sal", "Ojos tristes", "Amor amor" y "Peregrina de amor". A él corresponderá componer con sublime inspiración el canto patrio "México, creo en ti".

8

1517. Zarpa de Cuba la primera expedición española a costas mexicanas al mando de Francisco Hernández de Córdoba.

1847. Las fuerzas invasoras estadunidences al mando del general Winfield Scott llegan al puerto de Veracruz.

1867. Los imperialistas al mando del general Tovera asestan fuerte golpe a los republicanos en el Monte de las Cruces, en el Estado de México.

1908. Muere en la Ciudad de México, donde naciera en el año de 1868, Ángel de Campo *Micrós,* notable literato, periodista, cuentista, poeta, cronista y novelista de abundante producción en todos los géneros.

9

1801. Nace en San Agustín del Palmar, Puebla, José Joaquín Pesado. Primer escritor mexicano en ingresar a la Academia Española. Integra parte del jurado que califica la letra del Himno Nacional. Muere el 3 de marzo de 1861.

1913. Se inicia la Decena Trágica. Felix Díaz y Bernardo Reyes encabezan en la capital de la república una sublevación contra el gobierno de Francisco I. Madero y atacan el Palacio Nacional.

10

1818. Nace en la Ciudad de México (en la calle de Mesones número 10) Guillermo Prieto, a quien se atribuye la frase "¡Alto, los valientes no asesinan!" Se distinguió como poeta, periodista, dramaturgo, historiador y político liberal. Fue diputado por varios periodos y uno de los principales sostenedores del Plan de Ayutla. También fue senador de la república y catedrático de algunas instituciones educativas. Colaborará con el presidente Juan N. Álvarez como ministro de Hacienda y después con el presidente Juárez ocupando el mismo cargo. Se le considera prócer de la reforma. Murió en Tacubaya, Distrito Federal, el 2 de marzo de 1897.

1821. Vicente Guerrero y Agustín de Iturbide se entrevistan en Acatempan (del hoy estado de Guerrero), para afinar el acuerdo del cese de la Guerra de Independencia y en consecuencia, la consumación de la libertad de la Nación Mexicana. Al acordarlo, se dan un efusivo saludo que se conocerá como Abrazo de Acatempan y con el cual se rubrica el Plan de Iguala o de las Tres Garantías.

2005. Muere el revolucionario Mauricio Ramírez Cerón, considerado uno de los últimos combatientes que lucharon al lado de Emiliano Zapata en el Ejército Libertador del Sur.

11

1860. Muere en la Ciudad de México Manuel Eulogio Carpio Hernández, quien naciera el 1o. de marzo de 1791 en Cosamaloapan, Veracruz. Se distinguió como poeta, político, periodista y connotado médico dedicado a la cátedra. Formó parte del grupo que fundó la Academia de Medicina, de la que fue su primer presidente.

1761. Levantamiento de los mayas de Yucatán bajo el mando de Jacinto Canek.

12

1779. Por órdenes del virrey Bucareli, parten del puerto de San Blas (en el hoy estado de Nayarit), las fragatas *Princesa* y *Favorita*, para explorar las costas del Pacífico norte, hasta el puerto de San Francisco en la Alta California.

1958. Creación de la Comisión Nacional de los Libros de Texto Gratuitos.

13

1548. Se crea la provincia de Nueva Galicia y se instituye su primera audiencia gobernadora, con asiento en la Villa de Guadalajara (hoy capital del estado de Jalisco).

1893. Muere en Italia Ignacio Manuel Altamirano, político y periodista que luchó contra la intervención francesa.

1960. Ante el pueblo italiano, millares de turistas e invitados distinguidos de diferentes nacionalidades, se devela en el Parque Nóbel de San Remo, Italia, la estatua del preclaro patriota e insigne maestro Ignacio Manuel Altamirano, la cual fue donada al país europeo por el gobierno del presidente Adolfo Ruiz Cortines. Por México, concurrieron al acto los diplomáticos acreditados en Francia e Italia, así como los senadores Manuel Moreno Sánchez, Carlos Román Celis y Guillermo Ibarra, así como los diputados Leopoldo González Sáenz y Moisés Ochoa Campos.

2004. En Ciudad Victoria, Tamaulipas, es inaugurado el museo de historia natural más grande de México, que ocupa diez mil metros cuadrados de superficie.

14

Día del amor y la amistad, del telegrafista, del médico y del político.

1642. Ocurre un gran incendio en la Ciudad de México, el más antiguo y uno de los más voraces de su historia.

1781. Nace en la ciudad de Guadalajara, Jalisco, Valentín Gómez Farías, quien se distinguirá más tarde como luchador ferviente por la independencia de México. Fue presidente de la república durante cinco ocasiones. Murió en la Ciudad de México el 5 de julio de 1858.

1831. Fusilamiento de Vicente Guerrero, héroe de la Independencia (la bandera se iza a media asta).

1967. El presidente de México Adolfo López Mateos firma, junto con sus homólogos de Bolivia, Brasil, Chile y Ecuador, el Tratado de Tlatelolco, que se manifiesta contra la fabricación de armas y pruebas nucleares.

15

1775. Nace en Valle de San Nicolás (hoy Ramos Arizpe), Coahuila, Miguel Ramos Arizpe, quien se distinguirá como sacerdote, abogado, historiador, diplomático y político de ideas liberales. En septiembre de 1810 será elegido diputado a las cortes españolas, donde defenderá ardientemente el derecho de México a su independencia.

1865. Se publica el primer número del periódico *El Partido Liberal*.

16

1877. Por primera vez, Porfirio Díaz toma posesión como presidente, para mantenerse en el poder durante más de treinta años.

1888. Nace Moisés Sáenz, creador de la escuela secundaria en México.

1977. Muere el poeta mexicano Carlos Pellicer, considerado "el poeta de América". Premio Nacional de Literatura en 1964. Entre sus obras se encuentran _Piedra de sacrificio, Subordinaciones, Hora de junio y Práctica de vuelo._ Nace el 16 de enero de 1897.

17

1907. Es inaugurado en la Ciudad de México, por el presidente Díaz, el edificio de la Oficina Central de Correos, cuya construcción se inició en 1902 a cargo de los arquitectos Adamo Boari (italiano) y Gonzalo Garita (mexicano).

1915. Por un acuerdo entre Venustiano Carranza y la Casa del Obrero Mundial, los obreros se incorporan a la lucha armada y forman corporaciones militarizadas que se denominan "batallones rojos".

18

1856. Se instala en la Ciudad de México el Congreso Constituyente, convocado el 17 de octubre de 1855 por el general Juan N. Álvarez, presidente interino de la república. Sus trabajos culminarán con la Constitución del 5 de febrero de 1857.

1913. Francisco I. Madero y José María Pino Suárez son aprehendidos en Palacio Nacional por el general Aureliano Blanquet, quien obedece órdenes de Victoriano Huerta. Gustavo A. Madero, hermano del presidente Madero, es hecho prisionero y conducido a la Ciudadela, donde es martirizado.

19

Día del ejército (la bandera se iza a toda asta)

1818. Nace en la ciudad de Puebla Gabino Barreda, quien se distinguirá como patriota en la guerra de invasión estadunidense; médico eminente y catedrático. A él corresponderá ser el primer director de la Escuela Nacional Preparatoria.

1880. Natalicio de Álvaro Obregón.

1862. Se firma en el poblado de la Soledad (hoy de Doblado), Veracruz, el Convenio de la Soledad, por los representantes de Inglaterra, España, Francia y México. Por México interviene Manuel Doblado en su calidad de Secretario de Relaciones Exteriores del gobierno del presidente Juárez. Con tal convenio, las potencias extranjeras reconocen el gobierno constitucional del presidente Juárez y se comprometen a no atentar contra la independencia, soberanía e integridad del territorio nacional, así como abrir negociaciones en Orizaba para formalizar sus reclamaciones de la deuda externa de México, y que las tropas de las potencias aliadas permanezcan solamente en Córdoba, Orizaba y Tehuacán. Francia desconoce finalmente el pacto y envía sus tropas al interior del país.

20

1880. Mariano Riva Palacio, primer regidor del Ayuntamiento de México, en 1829, muere en la Ciudad de México.

21

1910. Aprobada por el Congreso de la Unión y de acuerdo con la Convención de Ginebra, se crea en México la Asociación de la Cruz Roja Mexicana, con una directiva provisional presidida por el distinguido doctor guanajuatense Eduardo Liceaga.

1936. Durante el Congreso Nacional de Unificación Obrera se crea la Confederación de Trabajadores de México (CTM).

1952. Muere Enrique González Martínez, poeta, autor de *Preludios* y *Los senderos ocultos*.

22

1609. Rebelión de los esclavos negros de Orizaba, bajo el mando de Yanga.

1827. Nace en Tepic, Nayarit, Juan Escutia, quien ingresará al Colegio Militar y defenderá heroicamente la soberanía

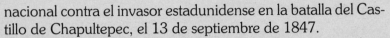

nacional contra el invasor estadunidense en la batalla del Castillo de Chapultepec, el 13 de septiembre de 1847.

1913. Son asesinados Francisco I. Madero y José María Pino Suárez (la bandera se iza a media asta).

1913. Venustiano Carranza, gobernador de Coahuila, inicia una rebelión armada contra el usurpador Victoriano Huerta.

1921. Durante el gobierno del presidente Álvaro Obregón se funda la Confederación General de Trabajadores.

23

1792. Nace en Jalapa, Veracruz, José Joaquín de Herrera, quien en su juventud fue realista y después iturbidista afiliado al Plan de Iguala. Destacó como buen organizador militar y llegó a general y a ministro de guerra. En 1844 ascendió por primera vez a la presidencia de la república, cargo que ocupó tres veces.

1822. El ejército insurgente de Vicente Guerrero es derrotado en Izúcar, Puebla, por las fuerzas realistas; no obstante, los insurgentes se distinguen por su bravura y arrojo en dicha batalla. De ellos fue la gloria aunque no la victoria.

1823. Acta de Jalisco. Oficiales, tropas y jefes de Guadalajara se adhieren al Plan de Casa Mata proclamado por Guadalupe Victoria y Antonio López de Santa Anna, con el objeto de derrocar al emperador Agustín de Iturbide.

1882. El Banco de México inicia operaciones.

24

Día de la Bandera Nacional (la bandera se iza a toda asta).

1940. El presidente Lázaro Cárdenas instituye el día de la Bandera.

1821. Se proclama el Plan de Iguala, que declara la Independencia de México.

1822. Creación de la Cámara de Diputados.

1887. Fundación de la Escuela Nacional de Maestros.

25

1732. Grandes marejadas se desbordan sobre las costas del Pacífico e inundan, entre otros puertos, al de Acapulco, causando gran alarma en la población.

1775. Después de veinticinco años de lucha por establecer en la Nueva España un montepío similar al de Madrid, Pedro Romero de Terreros, primer conde de Regla, funda el Sacro y Real Monte de Piedad de Ánimas, gracias al apoyo que le brindara el virrey Antonio María de Bucareli. Con dicha institución se abren operaciones de empeño sobre prendas, a un plazo de seis meses con réditos moderados y una limosna de monto voluntario para salvar las almas del purgatorio; de ahí se deriva su nombre.

1964. El presidente Adolfo López Mateos recibe el Chamizal, predio en litigio con Estados Unidos desde 1866.

1950. Por decreto del licenciado Miguel Alemán Valdés, se crea el Instituto Nacional de la Juventud Mexicana, cuyas funciones son preparar, dirigir y orientar a la juventud en las actividades cívicas, sociales, deportivas y extraescolares para el logro de su superación.

26

1812. Nace en Alamito, Villa de la Encarnación, Aguascalientes, José María Chávez, quien se distinguió como hombre patriota, progresista y liberal. Fue diputado y gobernador de su estado. Las fuerzas imperialistas de Maximiliano lo aprehendieron en Malpaso, Zacatecas, el 4 de abril de 1864 y fue fusilado al día siguiente.

1854. Natalicio de Porfirio Parra, filósofo positivista, en Chihuahua.

1863. Se decreta, mediante las Leyes de Reforma, la extinción de las comunidades religiosas con el objeto de disminuir el poder económico de la Iglesia.

27

1833. Natalicio de Leandro Valle, militar liberal.

1882. Nace en la ciudad de Oaxaca, Oaxaca, José Vasconcelos, quien se distinguirá como abogado, historiador, político liberal, académico y escritor. Aportó a la Universidad Nacional su escudo y el lema "Por mi raza hablará el espíritu". Muere en la Ciudad de México el 30 de junio de 1959.

28

1525. Aniversario luctuoso de Cuauhtémoc, último *tlatoani* azteca (la bandera se iza a media asta). Cuauhtémoc es ejecutado en un punto llamado Itzancánac (del hoy estado de Tabasco) por órdenes de Hernán Cortés, quien lo acusó de una supuesta conspiración en su contra. Junto con Cuauhtémoc, mueren los reyes Tetlepanquétzal y Coanacoch, de Tlacopan y Texcoco, respectivamente. El cadáver de Cuauhtémoc fue trasladado clandestinamente a Ixcateopan (actual estado de Guerrero). A Cuauhtémoc se le reconoce como símbolo de la mexicanidad por defender heroicamente a su pueblo de los conquistadores españoles.

1874. Nace en Motul, Yucatán, Felipe Carrillo Puerto, quien se distinguió como líder obrero, periodista y político de ideas revolucionarias.

Marzo

1

1854. Proclamación del Plan de Ayutla para desconocer el gobierno de Antonio López de Santa Anna.

1952. Muere el escritor mexicano Mariano Azuela. Considerado como el primer novelista de la Revolución Mexicana. Autor de *Los de abajo, La luciérnaga, La malhora* y *Sendas perdidas,* entre otras. Nace el 1o. de enero de 1873.

2

1821. Las tropas insurgentes de Vicente Guerrero y las tropas adheridas de Agustín de Iturbide juran en Iguala (del hoy estado de Guerrero) el Plan de las Tres Garantías.

1824. Se crea el estado de México.

1829. Muere en la Ciudad de México doña Josefa Ortiz de Domínguez, mejor conocida como la Corregidora de Querétaro. Su participación con los conjurados independentistas, Hidalgo, Allende, Aldama y otros, fue muy importante, y a ella se debió que éstos no fueran aprehendidos al denunciarse la conspiración, lo que permitió iniciar la Guerra de Independencia con el Grito de Dolores en la población de ese nombre, en la provincia de Guanajuato.

1836. Un numeroso grupo de estadunidenses asentados en la provincia mexicana de Texas se reúne en el pueblo de Brazos y se declaran independientes de México.

1867. Salen de México las últimas tropas francesas.

1897. Muere en Tacubaya, Distrito Federal, Guillermo Prieto. Este ilustre literato, historiador, periodista y político liberal, nació en la capital del país el 18 de febrero de 1818.

3

1831. Nace en la ciudad de Querétaro, Querétaro, Manuel Carmona y Valle, quien se distinguió como médico, escritor y

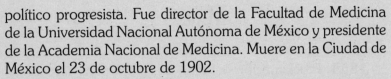

político progresista. Fue director de la Facultad de Medicina de la Universidad Nacional Autónoma de México y presidente de la Academia Nacional de Medicina. Muere en la Ciudad de México el 23 de octubre de 1902.

1865. El emperador Maximiliano de Habsburgo, decreta la ley sobre la división territorial del imperio de México, por la que se divide en cincuenta departamentos. Este proyecto se debió a Manuel Orozco y Berra, aprovechando la *Carta de la República,* obra de Antonio García Cubas.

4

1522. Pedro de Alvarado llega a Tuxtepec y emprende la conquista de Tehuantepec.

1813. Félix María Calleja ocupa el virreinato de la Nueva España.

1929. Nace de manera formal y legítima en la ciudad de Querétaro el Partido Nacional Revolucionario, auspiciado por el presidente Plutarco Elías Calles, cuyo objetivo es aglutinar a todas las fuerzas revolucionarias. Con el tiempo ha de cambiar su nombre a Partido Revolucionario Institucional.

5

1812. Sitio de Cuautla. Las fuerzas realistas de Calleja y Llano empiezan a atacar Cuautla, población defendida por Morelos.

1876. Se instala el Congreso General de Obreros de la república mexicana en la Ciudad de México.

6

1867. Sitio de Querétaro. Las fuerzas republicanas del presidente Juárez, al mando de los generales Mariano Escobedo, Jesús González Ortega, Ramón Corona y Vicente Riva Palacio, ponen sitio a los imperialistas de Maximiliano de Habsburgo, quienes detentan la plaza de Querétaro.

1912. Pascual Orozco desconoce el gobierno de Francisco I. Madero a través del Pacto de la Empacadora.

1946. Muere en la Ciudad de México, donde naciera el 19 de diciembre de 1885, el ilustre abogado, filósofo y académico Antonio Caso, quien fuera rector de la Universidad Nacional Autónoma de México de 1921 a 1923, y miembro destacado de El Colegio Nacional.

7

1813. El revolucionario maderista Abraham González es asesinado en Chihuahua.

1836. El presidente Santa Anna toma el fuerte de El Álamo en San Antonio, Texas.

8

Día internacional de la mujer.

1826. Nace en la Ciudad de Oaxaca, Oaxaca, Margarita Maza de Juárez.

1856. El presidente Ignacio Comonfort, al mando del ejército liberal ataca y derrota a las fuerzas conservadoras en Ocotlán, Jalisco.

1916. Se instala la Comisión Nacional Agraria.

9

1839. México celebra un tratado de paz con Francia para dar fin a la llamada Guerra de los pasteles. Nuestro país queda obligado a indemnizar a ciudadanos franceses radicados en el territorio nacional. Las tropas invasoras salen por Veracruz.

1916. En la madrugada de este día, penetran por sorpresa a territorio estadunidense Francisco Villa y cien de sus hombres. Llegan hasta el centro de la población de Columbus, Nuevo México; atacan el campo Fourlong y combaten con la guarnición del mismo; prenden fuego a algunas casas y se proveen de armas, municiones y otros pertrechos. Con este incidente, Villa provoca un grave conflicto a don Venustiano Carranza, primer jefe del Ejército Constitucionalista y encargado provisional del Poder Ejecutivo. Esta situación dio lugar a la llegada a México de la expedición punitiva estadunidense, al mando del general Pershing, quien permaneció en territorio mexicano desde el 14 de marzo de 1916 al 6 de febrero de 1917.

10

1877. Nace en Morelia, Michoacán, Pascual Ortiz Rubio, presidente de México de 1930 a 1932. Durante su gobierno México ingresó a la Liga de las Naciones y se promulgó la Ley Federal del Trabajo.

1911. Emiliano Zapata se subleva en Morelos contra el gobierno de Madero.

11

1854. Juan Álvarez e Ignacio Comonfort proclaman el Plan de Ayutla contra Santa Anna.

1915. Al salir las fuerzas constitucionalistas de la Ciudad de México, con destino a Querétaro y a Guanajuato, las fuerzas del Ejército del Sur de Emiliano Zapata ocupan la Ciudad de México en nombre de la Convención de Aguascalientes.

1917. Venustiano Carranza es elegido presidente de México.

12

1812. Nace en Amozoc, Puebla, Ignacio Comonfort, militar y político liberal que luchó contra los invasores estadunidenses y franceses.

1865. El gobierno del emperador Maximiliano expide una circular por la que se ordena que los cementerios manejados por la Iglesia pasen a la jurisdicción civil.

13

1325. Fundación de la Gran Tenochtitlán. Los peregrinos mexicas, que tenían ciento cincuenta y siete años de haber salido de Aztlán (lugar ubicado en el actual estado de Nayarit) en busca de la tierra prometida, llegan al Valle de Anáhuac (hoy Valle de México) y al contemplar sobre un islote del lago de Texcoco que un águila devoraba a una serpiente sobre un nopal, reconocen que ésa era la señal marcada por la tradición de su pueblo, para asentarse definitivamente en ese lugar. Así termina su peregrinar e inician la construcción de Tenochtitlan, capital del reino azteca (hoy Ciudad de México).

1787. Natalicio de Pedro Sáinz de Baranda, héroe de la toma de San Juan de Ulúa.

1891. Se crea la Secretaría de Gobernación.

14

1565. Fallecimiento de Vasco de Quiroga, educador y benefactor de los indígenas.

1836. La convención de Texas declara su independencia de México.

1867. Sitio de Querétaro. Siguen los feroces combates entre las fuerzas republicanas de Juárez y las imperiales de Maximiliano.

15

1778. Se funda en la Ciudad de México la Escuela de Grabado de la Casa de Moneda, por iniciativa de Fernando Mangino.

1846. El presidente de Estados Unidos, James J. Polk, declara la guerra a nuestro país. Las fuerzas estadunidenses empiezan a concentrarse sobre la línea del Río Bravo.

1861. Se establece la ley sobre el sistema métrico decimal.

16

1862. El ejército francés sitia la ciudad de Puebla.

17

1821. Se publica el Plan de Iguala, que declara la Independencia de México.

1846. El ejército estadunidense ataca Tamaulipas.

18

1938. Lázaro Cárdenas del Río, presidente de México, decreta la expropiación petrolera (la bandera se iza a toda asta).

19

1823. El emperador Agustín de Iturbide presenta ante el Congreso su abdicación al trono de México.

1824. El Congreso Constituyente declara a Miguel Hidalgo como Benemérito de la Patria.

1985. Fallece Jesús Reyes Heroles, político e historiador.

20

1779. Se concluye el acueducto que abastece de agua a la Ciudad de México desde Chapultepec.

21

1806. Nace en San Pablo Guelatao, en la zona zapoteca del estado de Oaxaca, Benito Juárez García, quien habrá de distinguirse como inquieto estudiante, gran pensador y patriota incorruptible. Leal a los derechos de las personas y de las naciones, se inclinó por el respeto irrestricto a la justicia y a la soberanía de México. Fue honesto y dinámico funcionario público que desempeñó desde modestos cargos hasta la presidencia de la república en las más críticas situaciones del país (la bandera se iza a toda asta).

1843. Fallecimiento de Guadalupe Victoria.

1854. Fallecimiento del general Pedro María Anaya.

22

1861. Fallecimiento de Miguel Lerdo de Tejada, promotor de las Leyes de Reforma.

23

1885. Natalicio del general revolucionario Roque González Garza.

24

1829. Natalicio de Ignacio Zaragoza.

1914. Se libra la batalla de Torreón entre las fuerzas villistas y las del gobierno de Victoriano Huerta.

25

1825. Se instala la Suprema Corte de Justicia de la Nación, integrándose plenamente los tres Poderes de la Unión.

1846. Se declara la guerra entre México y Estados Unidos.

1876. Fallece el doctor José María Vértiz.

26

1427. A muy avanzada edad fallece en Azcapotzalco, Tezozómoc, cacique de los tepanecas. Recae el poder en Tayahuxin, pero su hermano Maxtla lo usurpa.

1913. Se promulga el Plan de Guadalupe para derrocar al gobierno de Victoriano Huerta.

27

Día del trabajador universitario.

1847. Invasión estadunidense de Veracruz.

1994. Entra en vigor el nuevo reglamento interno de la Secretaría de Educación Pública.

28

1847. Después de seis días de ataque al puerto de Veracruz, termina el bombardeo estadunidense, tras heroico contraataque de los defensores mexicanos: pueblo en general y las fuerzas armadas del gobierno. Sin embargo, el puerto termina por rendirse, pero por el patriotismo con que fue defendido, es calificado como Heroico Puerto de Veracruz.

1946. En el antiguo templo de San Pedro y San Pablo se funda la Hemeroteca Nacional.

29

1933. Se aprueba la enmienda constitucional que prohíbe la reelección de presidente y gobernadores de los estados.

30

1823. Sale de la Ciudad de México, rumbo al destierro en Europa, Agustín de Iturbide.

1954. Muere en la Ciudad de México Agustín Aragón y León, distinguido ingeniero, filósofo, literato y político, quien naciera en Jonacatepec, Morelos, el 28 de agosto de 1870. Aragón y León desempeñó varios cargos administrativos en el gobierno de Porfirio Díaz, pero finalmente militó en el Partido Antirreeleccionista y propugnó por reformas a la Constitución.

1859. Después de infructuosos ataques al puerto de Veracruz (donde se encuentra el presidente Juárez y su gabinete) por las fuerzas conservadoras del general Miramón, éste decide su retirada ante la tenaz y patriótica defensa del pueblo veracruzano que se unió a las fuerzas republicanas.

31

1823. Asume el poder ejecutivo el triunvirato formado por Nicolás Bravo, Pedro Celestino Negrete y Guadalupe Victoria.

ABRIL

1

1829. Vicente Guerrero toma posesión como presidente de la república.

1933. Queda instituido en México el Día del libro.

2

1867. Toma de Puebla por las fuerzas republicanas de Porfirio Díaz.

1884. Se establece la Biblioteca Nacional de México.

3

1427. Itzcóatl es proclamado *tlatoani* de Tenochtitlán.

1854. Inauguración de la Escuela Nacional de Medicina.

4

1900. Fallece el prestigiado médico Rafael Lavista, quien presidió la Academia de Medicina en varias ocasiones.

5

1901. Porfirio Díaz disuelve los clubes liberales que existían en México.

6

1813. José María Morelos y Pavón inicia el ataque de Acapulco.

1953. Se reconocen los derechos políticos de la mujer.

7

1948. Se crea la Organización Mundial de la Salud y se declara la celebración del Día mundial de la salud.

8

1904. Fallecimiento del educador Enrique C. Rébsamen.

9

1891. Se establece la Secretaría de Comunicaciones y Obras Públicas.

1862. Se declara rota en Orizaba, Veracruz, la Triple Alianza o Alianza Tripartita formada por Francia, Inglaterra y España. Los representantes de estos dos últimos países deciden retirarse de México y confiar en la buena fe del presidente Juárez para pagar la deuda externa, pero los franceses permanecerán en territorio nacional violando los Convenios de la Soledad.

10

1789. Natalicio de Leona Vicario.

1919. Emiliano Zapata es asesinado en Chinameca, Morelos (la bandera se iza a media asta).

11

1519. Hernán Cortés llega a Veracruz.

1859. Mártires de Tacubaya. Las fuerzas republicanas al mando del general Santos Degollado, emplazadas en Tacubaya, en espera de que el pueblo de la Ciudad de México se levante en armas en contra del gobierno usurpador del general Miguel Miramón, son atacadas por el general conservador Leonardo Márquez.

1861. Fallecimiento de Francisco González Bocanegra.

12

1813. José María Morelos y Pavón toma el puerto de Acapulco.

1823. Fundación de Tampico.

1954. Fallece Francisco J. Múgica, quien participó en la redacción y firma del Plan de Guadalupe y en la redacción de los artículos 3o., 27 y 123 de la Constitución Mexicana de 1917.

13

1762. Nace en Tecpan (hoy de Galeana, del actual estado de Guerrero) Hermenegildo Galeana, quien habrá de unirse a Morelos en 1810 en la lucha por la independencia de México. Se distinguirá como valiente y heroico caudillo insurgente. Morirá peleando en favor de la patria el 27 de junio de 1814, en El Salitral, al poniente de Coyuca (ahora de Benítez, en el estado de Guerrero).

1875. Se funda en la Ciudad de México la Academia Mexicana de la Lengua, correspondiente de la Real Academia Española. Su primer director es José María de Basoco y su primer secretario Joaquín García Icazbalceta, notable filólogo, lingüista, historiador y promotor cultural. Los objetivos fundamentales de esta institución cultural son: "aportar vocablos al diccionario de la lengua; promover estudios de crítica e historia literaria y reunir a las figuras más esclarecidas de las letras mexicanas".

14

1800. Levantamiento indígena en Tlaxcala para reinstaurar el estado azteca.

1816. Muere Mariano Abasolo en el castillo de Santa Catalina, en Cádiz, España, donde permaneció prisionero por varios años. Originario de Dolores, Guanajuato, donde naciera el año de 1783, Abasolo se unió a Hidalgo desde la conspiración de

Querétaro y participó con él en la lucha de emancipación, donde alcanzó el grado de mariscal de campo.

1915. Segunda batalla de Celaya. En ese extenso valle de Guanajuato se baten tenazmente las fuerzas constitucionalistas al mando de Álvaro Obregón en contra de los revolucionarios de Francisco Villa.

15

1817. Desembarco en Tamaulipas de Francisco Javier Mina, caudillo de la Independencia.

1851. Muere Andrés Quintana Roo.

1874. Aparece el periódico *La Firmeza* de la Sociedad de Socorros Mutuos de Impresores.

16

1531. Fundación de Puebla de los Ángeles.

1915. Batalla de Celaya entre las tropas de los generales Obregón y Villa.

1976. Muere José Revueltas, escritor y activista político.

17

1695. Contagiada de tifo, muere en el convento de San Jerónimo, en la Ciudad de México, la célebre Juana de Asbaje y Ramírez Santillana, mejor conocida como sor Juana Inés de la Cruz, quien naciera el 12 de noviembre de 1651, en San Miguel Nepantla (del hoy estado de México). Por sus amplios conocimientos en literatura, teología, astronomía, música, pintura, filosofía y poesía, fue merecedora de respeto y admiración; asimismo, por su especial talento para el manejo de la poesía, se le impuso el título de la Décima Musa.

18

1833. Fundación de la Sociedad Mexicana de Geografía y Estadística, la institución científica más antigua del país.

19

1861. Juárez emite la Ley de Instrucción Pública, que establece la educación laica.

1940. Día panamericano del indio.

20

1853. Antonio López de Santa Anna toma posesión por undécima ocasión como presidente de la república.

21

1914. Heroica defensa de Veracruz contra la invasión estadunidense (la bandera se iza a media asta).

1927. Estalla el movimiento cristero.

22

1519. Cortés constituye el Ayuntamiento de la Villa Rica de la Vera Cruz, el más antiguo de México.

1854. Muere el caudillo de la independencia mexicana Nicolás Bravo.

23

1920. Adolfo de la Huerta proclama el Plan de Agua Prieta, que desconoce el gobierno de Venustiano Carranza.

1987. Se publica el decreto que crea la Asamblea de Representantes del Distrito Federal.

24

1897. Natalicio de Manuel Ávila Camacho.

1908. Muere en la más completa pobreza en la Ciudad de México, donde naciera el 6 de febrero de 1824, José María Marroquí, distinguido médico e historiador. Durante veinte años escribió la monumental obra de tres tomos *La Ciudad de México,* que contiene amplios datos sobre el virreinato, costumbres, creencias, tradiciones, guerras y demás datos históricos y biográficos de la época.

25

1863. Natalicio de Belisario Domínguez, senador que se opuso a Victoriano Huerta.

1823. Natalicio de Sebastián Lerdo de Tejada, ideólogo del liberalismo.

26

1917. De conformidad con la Constitución de 1917, el Congreso de la Unión declara presidente constitucional de la república a Venustiano Carranza, para el periodo que había comenzado el 1o. de diciembre de 1916 y terminaría el 30 de noviembre de 1920.

1918. Proclamación de la ley que prohíbe la exportación de monedas de oro y plata.

27

1867. Sitio de Querétaro. Los republicanos, encabezados por el coronel Ignacio Manuel Altamirano y el general Sóstenes Rocha, logran contener el intento de los imperialistas Maximiliano, Miramón y Mejía de romper el sitio que se les había impuesto en esa ciudad.

28

1836. España reconoce la independencia de México.

29

1941. Se funda el Instituto Nacional Indigenista.

1863. Se crea el estado de Campeche.

30

Día del niño.

1912. La junta revolucionaria zapatista realiza el primer reparto agrario del país.

Mayo

1

Día internacional del trabajo.

1886. Mártires de Chicago. Por acuerdo del Congreso de la Primera Internacional, efectuado en Ginebra, Suiza, el 3 de septiembre de 1886 se estableció que a partir de ese año cada 1o. de mayo se conmemoraría a los mártires de Chicago. En México se celebró por primera vez el Día del trabajo en 1913, como una protesta contra Victoriano Huerta por parte de los trabajadores afiliados a la Casa del Obrero Mundial.

2

1812. El general insurgente José María Morelos rompe el sitio que las tropas realistas de José María Callejas le habían impuesto en Cuautla por más de setenta días.

3

1518. Descubrimiento de la isla de Cozumel por Juan de Grijalva.

4

1858. Benito Juárez establece su gobierno en Veracruz durante la Guerra de los Tres Años.

5

1804. El científico alemán Alejandro von Humboldt, en viaje de trabajo por estas tierras, estima que la población de la Nueva España asciende a unos seis millones de habitantes.

1862. Batalla de Puebla donde las tropas invasoras francesas fueron derrotadas por las fuerzas mexicanas al mando del general Ignacio Zaragoza.

6

1832. Se publica la Ley para la Conservación del Patrimonio Nacional.

1856. Fallecimiento del Constituyente de 1824 Juan Bautista Morales.

7

1780. Ignacio Aldama nace en San Miguel el Grande (hoy de Allende), Guanajuato.

1824. Se crean los estados de Nuevo León y Coahuila.

1840. Natalicio de Joaquín Baranda.

8

1753. Miguel Hidalgo y Costilla nace en la hacienda de Corralejo, Pénjamo, Guanajuato (la bandera se iza a toda asta).

9

1911. Muere Luis Moya, opositor al gobierno de Porfirio Díaz y uno de los primeros revolucionarios en levantarse en armas.

10

Día de las madres.

1914. Muere José Azueta, defensor del Puerto de Veracruz durante la intervención estadunidense.

11

1535. Se funda la Casa de Moneda.

12

1891. Nace en Olinalá, Guerrero, Juan Andrew Almazán, quien en 1911 se pronunciará contra el maderismo para unirse a Zapata. También se unirá a la dictadura de Huerta y combatirá en Torreón a las fuerzas revolucionarias de Carranza. Saldrá del país y regresará en 1920 para afiliarse al movimiento de Agua Prieta con Adolfo de la Huerta, Álvaro Obregón y Plutarco Elías Calles, en el que alcanzará el grado de general de división.

1899. Nace en Guaymas, Sonora, Abelardo L. Rodríguez, quien habrá de distinguirse como revolucionario y político. En 1928 ascenderá a general de división y será presidente de la república de septiembre de 1933 a noviembre de 1934.

13

1524. Arriban al islote de San Juan de Ulúa, en la Villa Rica de la Vera Cruz, los primeros misioneros franciscanos encabezados por los frailes Martín de Valencia, García de Cisneros y Toribio de Paredes o Benavente. Han de hacer el viaje a pie hasta la Gran Tenochtitlán, donde serán recibidos con respeto y mansedumbre por Hernán Cortés y sus aguerridos capitanes y soldados, ante el asombro de los aztecas, quienes inexplicablemente veían de rodillas a los soberbios y sanguinarios conquistadores.

1911. Después de atacar las poblaciones de Axochiapan, Chinameca y Jonacatepec, del estado de Morelos, las fuerzas revolucionarias de Emiliano Zapata se concentran en Cuautla e inician el ataque y sitio contra las fuerzas federales del dictador Porfirio Díaz.

1920. En la estación de Rinconada, en el estado de Puebla, fuerzas de los revolucionarios del Plan de Agua Prieta atacan los trenes donde el presidente Carranza y su comitiva se dirigen hacia Veracruz.

14

1836. Tratados de Velasco. El general Antonio López de Santa Anna, prisionero de los texanos, firma en la población de Velasco un tratado con Texas, en el que reconoce la independencia de Texas. Con ello, Santa Anna logra su libertad.

1917. Hacen su entrada triunfal a la población de Ojinaga, Chihuahua, las fuerzas revolucionarias maderistas de Francisco Villa.

15

Día del maestro.

1849. Se crea el estado de Guerrero.

1858. Se celebra el convenio que permite al distrito de Campeche, perteneciente a Yucatán, obtener su autonomía. Tres días después, el 18 de mayo, adquiere el carácter de un estado más de la república mexicana.

1867. Toma de Querétaro por el ejército republicano (la bandera se iza a toda asta).

16

1905. Creación de la Secretaría del Despacho de Instrucción Pública y Bellas Artes.

17

1911. Tratados de Ciudad Juárez. Los representantes de don Francisco I. Madero y el representante del dictador Porfirio Díaz firman en Ciudad Juárez, Chihuahua, un armisticio por el que se suspenden las hostilidades en todo el país y se fijan las condiciones de paz nacional.

18

1541. Fundación de Valladolid, hoy Morelia, Michoacán.

1938. Muere en la Ciudad de México, donde naciera el 13 de enero de 1876, Juan Sánchez Azcona, distinguido periodista, diplomático, escritor liberal y político revolucionario, amigo de Francisco I. Madero, con quien colaboró en la redacción del Plan de San Luis.

19

1835. Miguel Barragán, presidente interino, deroga el federalismo e instituye la república centralista.

1849. Se aprueba la Ley de Elecciones de Ayuntamientos.

20

1794. Natalicio de Pedro María Anaya, defensor de Churubusco durante la intervención estadunidense.

21

1895. Natalicio de Lázaro Cárdenas.

1920. Asesinato de Venustiano Carranza (la bandera se iza a media asta).

22

1902. Fallecimiento de Mariano Escobedo, defensor de la república durante la intervención francesa.

1909. Se constituye el Centro Antirreeleccionista de México, dirigido por Francisco I. Madero.

23

1839. Aguascalientes es elevado a la categoría de estado de la Federación.

1882. Natalicio del educador Lauro Aguirre Espinoza.

24

1919. Fallecimiento del poeta Amado Nervo, autor del libro *Perlas negras*.

25

1866. Natalicio del pedagogo Gregorio Torres Quintero.

1911. Porfirio Díaz renuncia a la presidencia de la república.

1925. Natalicio de Rosario Castellanos.

26

1521. Cortés inicia el sitio de Tenochtitlán.

1881. Natalicio de Adolfo de la Huerta.

1910. Se publica la Ley Constitutiva de la Universidad Nacional de México.

1929. Se publica el decreto que otorga la autonomía a la Universidad Nacional de México.

27

1695. Nace en Oaxaca Miguel Cabrera, fundador de la primera Academia de Pintura de la Nueva España.

28

1823. La Asamblea (Congreso Constituyente) presenta el proyecto de Constitución Política de la Nación Mexicana.

1942. México declara la guerra a las potencias del Eje: Alemania, Italia y Japón.

29

1959. Fallecimiento del educador Rafael Ramírez Castañeda, precursor y fundador de la Escuela Rural Mexicana.

30

1871. Se establece el Cuerpo de Bomberos de la Ciudad de México.

31

1863. Benito Juárez y su gabinete abandonan la Ciudad de México ante el avance del ejército francés.

1911. Destierro de Porfirio Díaz. Con el triunfo del movimiento maderista y tras más de 30 años de gobierno, Porfirio Díaz se embarca rumbo a Europa en el vapor alemán *Ipiranga*.

Junio

1

1906. Huelga de los mineros de Cananea.

1917. Día de la marina nacional (la bandera se iza a toda asta).

2

1853. Fallecimiento del historiador y político Lucas Alamán.

1887. Natalicio de Genaro Estrada, diplomático creador de la Doctrina Estrada.

3

1861. Melchor Ocampo, promotor de las Leyes de Reforma, es fusilado en Tepeji del Río.

4

1794. Nacimiento de Antonio de León, general que consiguió la incorporación del Soconusco a la república mexicana.

1928. Fallecimiento del educador Lauro Aguirre Espinoza.

5

Día mundial del medio ambiente.

1878. Natalicio de Francisco Villa.

6

1833. Se emite circular del Ministerio de Justicia que impide al clero predicar sobre asuntos políticos.

1990. Fundación de la Comisión Nacional de los Derechos Humanos.

7

Día de la libertad de prensa.

1922. Fallece Lucio Blanco, iniciador del reparto agrario en el noroeste del país.

8

1938. Se expide el decreto por el cual se crea Petróleos Mexicanos (Pemex).

9

1980. Se promulga la reforma constitucional que establece la autonomía y la libertad de cátedra en instituciones de educación superior.

10

1820. Clausura definitiva del Tribunal de la Inquisición.

1915. Francisco Lagos Cházaro toma posesión como presidente de la república por parte de la Convención Revolucionaria.

11

1848. Instalación del gobierno nacional en la capital de la república al concluir la invasión estadunidense.

12

1818. Natalicio de Manuel Doblado, ministro en el gobierno de Juárez, opositor a la firma del Tratado de Guadalupe Hidalgo.

1928. Fallecimiento del poeta Salvador Díaz Mirón.

13

1869. Natalicio de Felipe Ángeles, revolucionario y promotor de la Convención de Aguascalientes.

1910. Fallecimiento del precursor de la revolución Gabriel Leyva Solano.

14

1858. Nace en la ciudad de San Luis Potosí, Manuel José Othón, quien habrá de distinguirse como abogado, político, periodista, cuentista, dramaturgo y poeta.

15

1861. Fallecimiento del liberal Santos Degollado.

1888. Natalicio del poeta Ramón López Velarde y Berumen.

16

1863. Natalicio de Francisco León de la Barra, presidente provisional luego de la renuncia de Porfirio Díaz.

17

1823. Se proclaman las bases para las elecciones del nuevo Congreso Constituyente, siendo presidente Guadalupe Victoria.

18

1833. Natalicio de Manuel González, presidente de la república. Bajo su gobierno se hizo obligatoria la educación primaria en algunos estados y se adoptó el sistema métrico decimal.

19

1867. Fusilamiento de Maximiliano de Habsburgo, Miguel Miramón y Tomás Mejía.

1921. Fallecimiento del poeta Ramón López Velarde.

20

1811. Fusilamiento del caudillo insurgente Ignacio Aldama.

21

1867. Victoria de las armas nacionales sobre el imperio de Maximiliano (la bandera se iza a toda asta).

22

1521. Segunda invasión a Tenochtitlán. Siguen las escaramuzas entre españoles y mexicas en la Gran Tenochtitlán, defendida por Cuauhtémoc.

23

1818. Natalicio de Ignacio Ramírez, El Nigromante, impulsor de los derechos sociales y las ideas liberales.

24

1882. Natalicio del precursor de la Revolución Mexicana y de la aviación Juan Sarabia.

1937. Se decreta la expropiación de los Ferrocarriles de México.

25

1530. La Ciudad de México es declarada capital de la Nueva España.

1856. Se expide la ley de desamortización de los bienes eclesiásticos. Ley Lerdo.

26

1811. Fusilamiento del insurgente Ignacio Allende.

1840. Nace en la ciudad de Guanajuato, Guanajuato, Ignacio Montes de Oca y Obregón, quien se distinguió como excelente poeta, orador y sacerdote.

27

1814. Muere el insurgente Hermenegildo Galeana, ante su muerte y la de Mariano Matamoros, Morelos expresa: "Se acabaron mis brazos".

28

1929. Se crea la Asociación Nacional de Protección a la Infancia.

29

1520. Muerte de Moctezuma Xocoyotzin.

1852. Natalicio del poeta Juan de Dios Peza.

30

1520. Hernán Cortés es derrotado por los aztecas en el episodio conocido como la batalla de la Noche Triste.

1959. Fallecimiento de José Vasconcelos.

JULIO

1

1823. Se crea el estado de Oaxaca.

1866. Inauguración del Conservatorio Nacional de Música.

1897. Inauguración del Colegio Naval Militar.

2

1911. Fallecimiento de Filomeno Mata, periodista revolucionario, varias veces encarcelado por el gobierno porfirista.

1915. Fallecimiento de Porfirio Díaz en París, Francia.

3

1868. Nace Alfonso L. Herrera, naturalista, fundador del Jardín Botánico y del Zoológico de Chapultepec.

1851. Nace en la ciudad de Aguascalientes, Aguascalientes, José Guadalupe Posada, quien se distinguió como dibujante, litógrafo y grabador impresionista de ideas liberales, y quien marcó una época del grabado popular. Murió en la Ciudad de México en 1913.

4

1815. Josefa Ortiz de Domínguez es aprehendida por los realistas.

5

1845. Natalicio del periodista Filomeno Mata.

1858. Fallecimiento de Valentín Gómez Farías, presidente de la república, precursor de la Reforma y uno de los forjadores del pensamiento liberal mexicano.

6

1812. Natalicio de uno de los ideólogos del liberalismo, Miguel Lerdo de Tejada.

7

1865. Natalicio del jefe de la revolución maderista en Chihuahua, Abraham González.

1920. El presidente Adolfo de la Huerta decreta la instalación de la Lotería Nacional.

8

Día del árbol.

1563. Fundación de la Villa Guadiana, hoy ciudad de Durango.

9

1519. Se funda la Villa Rica de la Vera Cruz.

1911. Francisco I. Madero lanza un manifiesto que propone la formación del Partido Constitucional Progresista.

10

1839. Nicolás Bravo es nombrado presidente interino.

1879. Natalicio del general revolucionario Heriberto Jara.

11

1822. Natalicio del liberal Antonio Rosales.

1929. El presidente Emilio Portes Gil envía al Congreso de la Unión el proyecto de Ley Orgánica de la Universidad Nacional Autónoma de México, que consolida su autonomía.

12

1859. En el puerto de Veracruz, el presidente Benito Juárez promulga la ley de nacionalización de los bienes de la Iglesia.

13

1993. Se proclama la Ley General de Educación.

14

1850. Muere en París José María Luis Mora, padre del liberalismo mexicano.

1993. Entra en vigor la nueva Ley General de Educación.

15

1867. El presidente Benito Juárez entra en la Ciudad de México tras el triunfo de la república sobre el segundo imperio encabezado por Maximiliano de Habsburgo.

16

1529. Carlos V nombra a Hernán Cortés Marqués del Valle de Oaxaca.

1944. El escuadrón aéreo 201 se pone a las órdenes del coronel Antonio Cárdenas Rodríguez para participar en la Segunda Guerra Mundial en el Pacífico.

1876. Nace Luis Cabrera, crítico del grupo de los científicos, ministro del carrancismo.

17

1928. Asesinato del general Álvaro Obregón (la bandera se iza a media asta).

18

1325. Los aztecas fundan Tenochtitlán.

1872. Fallecimiento de Benito Juárez (la bandera se iza a media asta).

1908. Fallecimiento de Jaime Nunó, autor de la música del Himno Nacional.

19

1808. Declaración de autodeterminación de México por Francisco Primo de Verdad.

1824. Fusilamiento de Agustín de Iturbide.

20

1923. Francisco Villa es asesinado en Hidalgo del Parral, Chihuahua.

21

1910. Francisco I. Madero y Roque González Garza obtienen su libertad bajo caución después de la séptima reelección de Porfirio Díaz.

22

1800. Natalicio de Manuel López Cotilla, precursor de la Escuela Rural Mexicana.

23

1859. Se publica la ley sobre el matrimonio civil.

24

1531. Fundación de la ciudad de Querétaro.

1959. Fallecimiento de Narciso Bassols, secretario de educación y fundador de la Escuela Nacional de Economía.

25

1921. Creación de la Secretaría de Educación Pública.

2005. Luego de siete meses de excavaciones, arqueólogos mexicanos hallan varios murales (22 metros de alto por 80 centímetros de ancho) en las inmediaciones del Valle de Chalco, Estado de México, correspondientes al periodo azteca que data entre los años 600 y 1100 de nuestra era.

26

1863. Se realiza en México la primera trasmisión televisiva desde el Hipódromo de las Américas.

27

1957. Terremoto de 7.5 grados en la escala de Richter sacude a la Ciudad de México y derriba el Ángel de la Independencia.

28

1766. Se inicia la huelga minera de Real del Monte, Hidalgo.

1859. Se promulga la ley que crea el Registro Civil.

29

1936. Decreto de creación de la Escuela Normal Superior.

30

1811. Fusilamiento de Miguel Hidalgo y Costilla en Chihuahua.

1821. Llegada de Juan O'Donojú a la Nueva España (la bandera se iza a media asta).

31

1566. Fallecimiento de fray Bartolomé de las Casas.

1859. Se publica la Ley de Secularización de los Cementerios.

Agosto

1

1856. Se pone en circulación la primera estampilla postal en México con la efigie de Miguel Hidalgo.

1864. Se funda el Banco de Londres y México, el primero y más antiguo del país.

1912. El coronel Álvaro Obregón enfrenta y derrota en Ojitos, Chihuahua, a Pascual Orozco, quien se había levantado en contra de Francisco I. Madero.

2

1857. Inauguración del alumbrado público con gas de la Ciudad de México.

1897. Se celebra un tratado que establece los límites entre México y Belice.

1940. Fallece Andrés Molina Enríquez.

3

1821. Desembarca en el puerto de Veracruz don Juan O'Donojú, último virrey de la Nueva España, quien buscaría conciliar los intereses de los independentistas y la Corona Española.

1833. Fallecimiento del arquitecto, pintor y grabador Eduardo Tresguerras.

4

1639. Fallecimiento de Juan Ruiz de Alarcón y Mendoza, dramaturgo mexicano, autor de *La verdad sospechosa* y *Las paredes oyen*.

5

1576. Se desata una epidemia de matlazáhuatl que acaba con la vida de miles de indígenas.

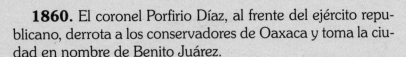

1860. El coronel Porfirio Díaz, al frente del ejército republicano, derrota a los conservadores de Oaxaca y toma la ciudad en nombre de Benito Juárez.

1867. El presidente Benito Juárez restaura la república, y asentado ya en la capital instala la Suprema Corte de Justicia de la Nación.

6

1913. Lucio Blanco realiza el primer reparto de tierras en Matamoros, Tamaulipas.

7

1521. El conquistador Hernán Cortés inicia el ataque a la Ciudad de México-Tenochtitlán.

1770. Carlos III ordena la creación de la Real Lotería de la Nueva España, antecedente de la Lotería Nacional.

1846. Marinos estadunidenses, bajo las órdenes del comodoro Stockton, desembarcan en el puerto de San Pedro, cerca de Los Ángeles, California, y se posesionan de esa parte del entonces territorio mexicano.

1855. Muere el general Mariano Arista, quien apoyó el Plan de Iguala y fue presidente de la república de 1851 a 1853.

1900. Aparece el periódico *Regeneración* de Ricardo y Jesús Flores Magón.

1974. Muere la escritora Rosario Castellanos.

8

1879. Natalicio de Emiliano Zapata en San Miguel Anenecuilco, Morelos.

9

1855. Renuncia a la presidencia y abandona el país Antonio López de Santa Anna, consumándose la Revolución de Ayutla.

1855. Martín Carrera es elegido presidente interino.

10

1782. Natalicio de Vicente Guerrero.

11

1859. Se decreta la Ley de Reforma que determina los días festivos laicos y prohíbe la injerencia de la Iglesia en los asuntos oficiales.

12

1854. Este día se da a conocer el resultado de la convocatoria para darle un canto a México. Los ganadores son Francisco González Bocanegra en la letra y Jaime Nunó en la partitura musical.

1939. Fallecimiento de Eulalio Gutiérrez, ex presidente provisional de la república mexicana (del 1 de noviembre de 1914 al 20 de enero de 1915), nombrado por la Convención Revolucionaria de Aguascalientes.

13

1521. Caída de la Gran Tenochtitlán ante las tropas de Hernán Cortés.

1923. Se firman los Tratados de Bucareli, que reanudan las relaciones diplomáticas entre México y Estados Unidos.

14

1770. Natalicio del insurgente Mariano Matamoros.

1879. Natalicio de Vito Alessio Robles, secretario de la Convención de Aguascalientes.

1937. Creación de la Comisión Federal de Electricidad.

15

1860. Toma posesión como presidente interino de la república, el general Miguel Miramón, de 27 años de edad, quien se convierte en el presidente más joven que haya tenido México. Benito Juárez sigue siendo el presidente de la legalidad.

1964. Muere en la Ciudad de México el distinguido pintor, paisajista y escritor jalisciense, Gerardo Murillo, mejor conocido como Dr. Atl, quien fue precursor de la escuela mexicana de pintura.

16

1953. Promulgación de la Constitución de Baja California.

17

1848. Se reintegra Yucatán a la república mexicana.

1934. El presidente Abelardo L. Rodríguez implanta el salario mínimo.

18

1873. Durante el gobierno del licenciado Sebastián Lerdo de Tejada, el Congreso de la Unión declara a don Benito Juárez como Benemérito de la Patria. Ya el Congreso de Colombia lo había declarado Benemérito de las Américas, el 1o. de mayo de 1865.

19

1811. Se establece la Suprema Junta Nacional Americana en Zitácuaro, Michoacán, con Ignacio López Rayón al frente.

1853. Creación de la Escuela Nacional de Agricultura.

20

1847. Defensa heroica de Churubusco contra las fuerzas invasoras estadunidenses.

1914. Entrada de Venustiano Carranza a la capital del país al vencer a Victoriano Huerta.

21

1944. Promulgación de la ley de emergencia para iniciar la campaña nacional contra el analfabetismo.

22

Día del bombero.

1823. Se constituye el Archivo General de la Nación.

1913. Asesinato del maderista Serapio Rendón.

23

1829. Natalicio de Felipe Berriozábal, general liberal.

24

1842. Fallecimiento de Leona Vicario.

1821. Firma de los Tratados de Córdoba, que reconocen la independencia de México.

25

1849. Natalicio del poeta Manuel Acuña.

1865. Natalicio del historiador Luis González Obregón.

1925. Creación del Banco de México.

26

1899. Natalicio del pintor oaxaqueño Rufino Tamayo.

1912. Fallecimiento del pintor José María Velasco.

1965. Creación del Instituto Mexicano del Petróleo.

27

1580. Se inaugura el servicio público de correspondencia en la Nueva España conocido como el Correo Mayor.

1824. Constitución de la Suprema Corte de Justicia de la Nación.

28

1829. Nace en la ciudad de Chihuahua, Chihuahua, Agustín Melgar Sevilla, quien ha de distinguirse como cadete defensor de su patria en la batalla de Chapultepec en 1847.

1931. Entra en vigor en todo el país, la Ley Federal del Trabajo.

1948. Muere en la ciudad de Puebla, a los 73 años de edad, doña Carmen Serdán, hermana de Aquiles. Ambos se adhirieron al Plan de San Luis y, al ser descubiertos por la dictadura, se defendieron con las armas en la mano el 18 de noviembre de 1910, dos días antes de que se pronunciara el movimiento revolucionario convocado por Francisco I. Madero.

29

1788. Natalicio de Juan Bautista Molina, periodista y magistrado que se incorporó a las fuerzas de Guadalupe Victoria.

1978. Se funda la Universidad Pedagógica Nacional.

30

1981. Creación del Instituto Nacional para la Educación de los Adultos.

31

1874. Natalicio de Ramón Mena, arqueólogo, que junto con Alfonso Caso dictaminó la autenticidad de las joyas encontradas en Monte Albán.

Septiembre

1

Día del informe presidencial.

Apertura anual de sesiones del Congreso de la Unión (la bandera se iza a toda asta).

2

Apertura del primer periodo de sesiones ordinarias del Congreso de la Unión.

1502. Moctezuma Xocoyotzin, "el joven", asciende al trono de Tenochtitlán y reinará hasta su muerte en 1520.

1956. Fallecimiento del escritor José Mancisidor, autor de *Historia de la Revolución Mexicana,* entre otras obras.

1906. Ricardo Flores Magón, en su calidad de presidente de la Junta Organizadora del Partido Liberal Mexicano, emite en El Paso, Texas, una circular por la que invita al pueblo mexicano a tomar las armas para derrocar al dictador Porfirio Díaz.

3

1520. Después de las heridas sufridas en la Batalla de la Noche Triste, Cortés se asienta con sus huestes en territorio poblano para reorganizarse. Ahí funda Segura de la Frontera, (hoy Tepeaca), segunda villa española en la Nueva España

1821. Las fuerzas realistas acantonadas en Durango capitulan y reconocen el triunfo de los insurgentes para darle a México su independencia de España.

4

1932. Pascual Ortiz Rubio renuncia a la presidencia, lo sustituye Abelardo L. Rodríguez.

1969. Se pone en servicio la línea 1 del Sistema de Transporte Colectivo Metropolitano (Metro) de la Ciudad de México.

5

1519. Xicoténcatl, con sus tropas tlaxcaltecas, combate contra las de Hernán Cortés, echando por delante a los otomíes para posteriormente disculparse con el propio Cortés.

1860. Se proclaman las Leyes de Reforma.

7

1949. Fallecimiento del pintor José Clemente Orozco.

8

1546. Fundación de la ciudad de Zacatecas.

1824. Creación del estado de Chihuahua.

1847. Batalla del Molino del Rey.

1862. Fallecimiento del general Ignacio Zaragoza.

9

1731. Natalicio de Francisco Javier Clavijero, autor de la Historia Antigua de México.

1931. México ingresa a la Sociedad de las Naciones.

1850. El congreso estadunidense admite como estado de la Unión al territorio de Alta California, del que se despojó a México en la injusta guerra de 1847.

10

1786. Natalicio del caudillo de la Independencia Nicolás Bravo.

1810. Se denuncian las conspiraciones de Querétaro, San Miguel y Dolores, que fueron iniciadas por Miguel Hidalgo e Ignacio Allende.

11

1847. Ante el acoso a la Ciudad de México por los invasores yanquis, el gobernador del Estado de México, Francisco M. Olaguíbel, reúne gente en Toluca y este día llega a Santa

Fe, con setecientos hombres para colaborar en la defensa de la capital de la república.

1857. Se inaugura en México la Academia Mexicana de la Lengua.

12

1919. Fundación de la Academia Mexicana de la Historia. Su primer director fue Luis González Obregón.

13

1813. Morelos instala el congreso de Chilpancingo.

1847. Heroica defensa del Castillo de Chapultepec, donde mueren los Niños Héroes (la bandera se iza a media asta).

14

1813. Morelos da a conocer su manifiesto *Sentimientos de la Nación.*

1824. Incorporación de Chiapas a la república mexicana.

15

1810. Aniversario del Grito de Independencia (la bandera se iza a toda asta).

1854. Se canta por primera vez el Himno Nacional.

16

1810. Aniversario del inicio de la Independencia (la bandera se iza a toda asta).

17

1964. Inauguración del Museo Nacional de Antropología e Historia.

18

1830. Nace en la Ciudad de México José Tomás de Cuéllar, quien como alumno del Colegio Militar en 1847, luchará en Chapultepec contra los invasores estadunidenses. Luego se dedicará al periodismo y a la literatura, donde cosechará grandes triunfos por su abundante y magnífica producción. Después será diplomático y llegará a subsecretario de Relaciones Exteriores.

1910. Inauguración del Hemiciclo a Juárez.

19

1916. Venustiano Carranza convoca a la formación del Congreso Constituyente de Querétaro.

1985. Un terremoto sacude a la Ciudad de México dejando cuantiosas pérdidas humanas y materiales (la bandera se iza a media asta).

20

1596. Fundación de la ciudad de Monterrey.

21

1551. Fundación de la Real y Pontificia Universidad de México.

1810. Las tropas insurgentes toman Celaya.

22

1841. Para hacerse cargo del mando del ejército y combatir a los sublevados a su gobierno, el presidente Anastasio Bustamante encarga el gobierno de la república a Javier Echeverría, quien el día 10 del siguiente mes será depuesto por el general Antonio López de Santa Anna.

23

1866. Porfirio Díaz derrota a los invasores franceses en Nochixtlán, Oaxaca.

24

1865. Fallecimiento de Antonio Rosales, militar y poeta que luchó contra la intervención francesa.

25

1539. Se instala en México la primera imprenta del Nuevo Mundo.

1873. Sebastián Lerdo de Tejada incorpora las Leyes de Reforma a la Constitución.

26

1859. Se firma el Tratado Mont-Almonte, que restablece las relaciones diplomáticas de México con España.

1949. En Ixcateopan, Guerrero, se encuentran los restos de Cuauhtémoc.

27

1821. Consumación de la Independencia (la bandera se iza a toda asta).

1944. Se inaugura el Museo Nacional de Historia en el Castillo de Chapultepec.

28

1810. Las tropas de Hidalgo toman la Alhóndiga de Granaditas en Guanajuato, Guanajuato.

1821. Se firma el Acta de Independencia de México.

29

1786. Natalicio de Guadalupe Victoria, primer presidente de México, cuyo verdadero nombre era José Miguel Ramón Adaucto Fernández y Félix. Se cambió el nombre en honor de la patrona de México y de los insurgentes, la virgen de Guadalupe.

1921. Álvaro Obregón publica el decreto que crea la Secretaría de Educación Pública.

1934. Inauguración del Palacio de Bellas Artes.

30

1765. Natalicio de José María Morelos y Pavón en Valladolid, hoy Morelia, Michoacán.

Octubre

1

1841. La Cámara de Diputados de Yucatán aprueba que esa provincia se constituya en república independiente de México.

1913. El general Francisco Villa, con su afamada División del Norte, como parte del Ejército Constitucionalista de Venustiano Carranza, toma la ciudad de Torreón y vence a las tropas del usurpador Victoriano Huerta.

2

1580. Natalicio del dramaturgo Juan Ruiz de Alarcón, en Taxco, Guerrero.

3

1875. Nace en Guadalajara, Jalisco, Gerardo Murillo, quien se dio a conocer como Dr. Atl y se distinguió como escritor y afamado pintor, precursor de la pintura netamente mexicana.

4

Día mundial de la protección de los animales.

1824. Promulgación de la Constitución Federal de los Estados Unidos Mexicanos.

5

1813. El cura José María Morelos y Pavón, cabeza militar y política de la Guerra de Independencia, proclama en Chilpancingo, Guerrero, la abolición de la esclavitud, de las castas y los tributos excesivos en toda la nación.

1910. Madero convoca a la rebelión con el Plan de San Luis.

6

1887. Natalicio de Martín Luis Guzmán, autor de *La sombra del caudillo*.

7

1913. Asesinato de Belisario Domínguez, senador chiapaneco que se opuso al usurpador Victoriano Huerta.

8

1821. Fallecimiento de Juan O'Donojú, último virrey de la Nueva España.

1940. Se funda El Colegio de México.

9

1915. El gobierno de Venustiano Carranza, quien tomó el poder en calidad de primer jefe del Ejército Constitucionalista y vencedor del usurpador Victoriano Huerta, es reconocido por Estados Unidos de América, Guatemala, Nicaragua, Brasil, Argentina y Bolivia.

10

1824. Toma posesión como presidente de la república, Guadalupe Victoria.

1913. Victoriano Huerta disuelve el Congreso de la Unión.

1914. Se inicia la Convención Revolucionaria de Aguascalientes.

11

1824. Se funda el Colegio Militar en Perote, Veracruz.

12

1492. Cristóbal Colón descubre tierra, después de meses de navegar, a la que posteriormente se le llamará América (la bandera se iza a toda asta).

1987. Inauguración del Museo del Templo Mayor.

13

1810. La Inquisición excomulga a los caudillos de la independencia Miguel Hidalgo, Ignacio Allende, Juan Aldama y Mariano Abasolo.

1927. Se instituye en México el periodo presidencial de seis años.

14

Día internacional para la prevención de los desastres naturales.

1814. Se expide la Constitución de Apatzingán.

15

1521. El emperador Cuauhtémoc y Tellepanquétzal, señor de Tlacopan, son atormentados por los invasores y conquistadores españoles para que confiesen dónde se encuentra el tesoro azteca. Julián de Alderete aplica aceite hirviendo a los pies de ambos. Cuauhtémoc soporta estoicamente el tormento y ante los apremios de su compañero, expresa: "¿Acaso estoy yo en un lecho de rosas?"

16

1959. Se constituye legalmente la Academia de la Investigación Científica.

1912. Félix Díaz se levanta en armas en Veracruz contra Francisco I. Madero.

17

1953. La mujer mexicana adquiere plenitud de derechos civiles y políticos de acuerdo con las reformas de los artículos constitucionales 34 y 35.

18

1765. Natalicio de fray Servando Teresa de Mier.

1792. Natalicio de Lucas Alamán.

19

1945. Fallece Plutarco Elías Calles.

1970. Lázaro Cárdenas fallece en la Ciudad de México.

20

1810. Hidalgo comisiona a Morelos para que organice un ejército en el sur del país.

1895. Se realiza el primer censo general de población.

21

1833. Valentín Gómez Farías suprime la Real y Pontificia Universidad de México y crea la Dirección General de Instrucción Pública.

22

1575. Es fundada la población de Nuestra Señora de las Aguas Calientes (hoy ciudad de Aguascalientes).

1832. Nace en Teocuitatlán, Jalisco, Donato Guerra, quien en 1862 se ha de incorporar al ejército republicano con el grado de capitán. Luchará a las órdenes de don Ramón Corona en contra de los franceses y demás imperialistas.

23

1590. Muere en la Ciudad de México el notable franciscano e historiador Bernardino de Sahagún, y cuyo verdadero nombre era Bernardino Ribeira. Entre sus obras se cuentan: *Arte de la lengua indígena, Vocabulario trilingüe, Historia general de las cosas de la Nueva España y Sumario de historia.*

1835. Se promulgan las bases de la constitución centralista que dieron origen a Las Siete Leyes.

24

1810. Ignacio López Rayón, desde Tlalpujahua, Michoacán, lanza una proclama patriótica en la que califica de justa, santa y religiosa a la Guerra de Independencia, oponiéndose a las excomuniones que pesaban contra Hidalgo y la acusación por parte del clero realista, de herético y anticatólico. Esta proclama causó impacto y alentó a la lucha insurgente.

25

1650. Muere en la Ciudad de México Fernando Alva Ixtlil-xóchitl, originario de Teotihuacán e ilustre historiador, bisnieto de Ixtlilxóchitl, señor de Texcoco y padre de Nezahualcóyotl. Alva Ixtlilxóchitl, graduado en el Colegio de Santa Cruz de Tlatelolco, tradujo códices indígenas y compiló manuscritos de la historia de México.

1916. Teniendo como marco la famosa "Casa de los Azulejos" de la Ciudad de México, se funda el Partido Liberal Constitucionalista que preside el general Eduardo Hay, y lanza la candidatura de Venustiano Carranza para presidente de la república.

1937. Se crea la Secretaría de la Defensa Nacional.

26

1833. Se publica el decreto que crea las escuelas normales.

1842. El presidente Antonio López de Santa Anna decreta que con esta fecha se declare a la educación como obligatoria de los siete a los quince años de edad y se confía la misma a la Compañía Lancasteriana.

27

1849. Creación del estado de Guerrero.

1853. Se suprime la coacción civil para el pago del diezmo eclesiástico.

28

1920. Muere Juan Sarabia, dirigente del Partido Liberal Mexicano.

29

1821. La provincia de Costa Rica, en Centroamérica, proclama su independencia de España y se adhiere al imperio mexicano.

1859. La Casa Jecker, francesa, establecida en México, otorga al gobierno conservador de Miguel Miramón un préstamo por poco menos de un millón de pesos en efectivo y equipo, con la condición de que al triunfo de la Guerra de los Tres Años en contra del gobierno republicano del presidente Juárez, se le reembolsen quince millones. Esta usura se constituirá en descarada reclamación de Francia para fundar su próxima intervención en México.

30

1810. Hidalgo derrota al ejército realista en el Monte de las Cruces.

1873. Natalicio de Francisco I. Madero en Parras, Coahuila.

31

1811. Natalicio del liberal Santos Degollado.

1911. El Plan de Tacuba desconoce a Francisco I. Madero.

Noviembre

1

1865. Se expide la Ley Electoral de Ayuntamientos.

1865. Maximiliano expide el decreto que da derecho a los trabajadores de dejar su trabajo a voluntad, prohíbe el castigo corporal y restringe el trabajo infantil.

2

1876. Nace en la ciudad de Puebla Aquiles Serdán Alatriste, quien habrá de distinguirse como valiente precursor de la Revolución Mexicana. Como seguidor del Plan de San Luis, de Francisco I. Madero, ha de morir el 18 de noviembre de 1910 combatiendo a la dictadura de Porfirio Díaz

1914. Venustiano Carranza, primer jefe del Ejército Constitucionalista, en funciones de presidente provisional de la república, acosado por ataques armados de las otras facciones revolucionarias de la Convención de Aguascalientes que lo desconoció, sale hacia el puerto de Veracruz para establecer ahí su gobierno. Al frente de sus tropas va el general Álvaro Obregón.

3

1592. Fundación de la ciudad de San Luis Potosí, centro minero de la Nueva España.

1914. Eulalio Gutiérrez toma posesión como presidente.

4

1785. Creación de la Real Academia de San Carlos.

1744. Nace el político e historiador mexicano Carlos María de Bustamante, redactor del discurso con el que José María Morelos y Pavón inauguró el Congreso de Chilpancingo, así como del acta de independencia. Muere el 21 de septiembre de 1848.

1894. Fallece en la Ciudad de México, donde naciera, Manuel Payno, periodista, poeta, historiador, diplomático y político. Fue ministro de Hacienda durante los gobiernos de José Joaquín de Herrera y de Ignacio Comonfort. También fue diputado y senador. Como escritor sobresalió con sus obras: *El fistol del diablo,* novela romántica, y *Los bandidos de Río Frío,* la más famosa.

5

1853. Durante el gobierno de López de Santa Anna, se inaugura la primera línea telegráfica del país. Se trasmite desde un tramo de 80 kilómetros entre las ciudades de México y Nopaluca en Puebla.

6

1813. Promulgación del Acta de Independencia Nacional por el Congreso de Chilpancingo (la bandera se iza a toda asta).

1911. Francisco I. Madero asume la presidencia.

7

1823. Se instala el Congreso Constituyente que expide la primera Carta Magna Federal.

1907. Jesús García Corona, mejor conocido como El Héroe de Nacozari, muere al salvar la vida de siete mil personas desviando un ferrocarril cargado de dinamita.

8

1519. Hernán Cortés, sus huestes y sus aliados indígenas son recibidos por Moctezuma II y los grandes señores aztecas en lo que hoy es conocida como calzada de San Antonio Abad. Los españoles son alojados en el Palacio de Axayácatl, situado donde hoy se encuentra el Nacional Monte de Piedad.

9

1871. Porfirio Díaz proclama el Plan de la Noria.

2003. Se halla en la Sierra Gorda de Querétaro un entierro con una momia de aproximadamente dos mil años de antigüedad, lo que constituye la principal evidencia de que grupos sedentarios habitaron el centro del país.

10

1901. Natalicio de José Gorostiza, poeta autor de *Muerte sin fin.*

11

1817. Francisco Javier Mina, héroe de la independencia, es fusilado en el Fuerte de los Remedios, Guanajuato.

1889. Muere en Guadalajara, Jalisco, el general Ramón Corona, gobernador de su estado. Este valiente militar tuvo un importante papel en la Guerra de los Tres Años o de Reforma, y durante la intervención francesa y el imperio, combatió en Sinaloa y Nayarit. En 1866 alcanzó el grado de general de división. Participó significativamente en el sitio de Querétaro y en la rendición de Maximiliano de Habsburgo.

12

1651. Nace en San Miguel Nepantla, Estado de México, Sor Juana Inés de la Cruz.

13

1834. Nace en Tixtla, Guerrero, Ignacio Manuel Altamirano, periodista y novelista.

14

1847. Santiago Felipe Xicoténcatl, nombrado defensor de la patria, muere en la Batalla del Castillo de Chapultepec durante la intervención estadunidense.

1863. Muere Ignacio Comonfort.

15

1776. Nace Joaquín Fernández de Lizardi, conocido como El pensador mexicano.

1855. El general Juan N. Álvarez es nombrado presidente sustituto de la república y, luego del triunfo del Plan de Ayutla, entra con las fuerzas revolucionarias a la capital.

1875. Muere en la Ciudad de México el patriota liberal José María Lafragua, abogado, político, literato, historiador y diplomático. Fue un destacado miembro del Partido Liberal, y se desempeñó atinadamente en diversas ocasiones como ministro de Relaciones Exteriores con los presidentes Comonfort, Juárez y Lerdo de Tejada. Participó en la redacción de los códigos Civil y de Procedimientos civiles.

16

1876. Con motivo del Plan de Tuxtepec se entabla en Tecoac, Puebla, la batalla que pondría fin al gobierno del presidente Lerdo de Tejada; en ella se enfrentaron los generales Manuel González y Porfirio Díaz con las fuerzas lerdistas comandadas por el general Ignacio Alatorre, quien fue derrotado. Porfirio Díaz iniciará su gobierno provisional el día 26 de noviembre.

1968. Fallece Vicente Lombardo Toledano.

17

1872. Es declarado presidente de México Sebastián Lerdo de Tejada.

1905. Natalicio del dramaturgo Rodolfo Usigli, autor de *El gesticulador.*

1910. Francisco Villa inicia la Revolución Mexicana en el estado de Chihuahua, siguiendo los lineamientos del maderista Abraham González, jefe del movimiento revolucionario en ese estado.

18

1811. Nace en la ciudad de San Luis Potosí Ponciano Arriaga, quien se distinguirá como abogado, periodista, orador y político liberal. Fue ministro de Justicia y Negocios Eclesiásticos con el presidente Mariano Arista (1852-1853); impulsará la educación popular y las obras de fomento agrícola. Para el Congreso Constituyente que se instalará en 1856, será elegido diputado por San Luis Potosí, Jalisco, Guerrero, Zacatecas, Michoacán, Puebla, México y el Distrito Federal. Será el primer presidente de dicho congreso. Murió en su ciudad natal el 12 de julio de 1865.

1825. Capitulación de la fortaleza de San Juan de Ulúa, último reducto español en México.

1857. Son elegidos el general Ignacio M. Comonfort para presidente de la república y Benito Juárez para presidente de la Suprema Corte de Justicia de la Nación.

1910. Los hermanos Serdán proclaman la Revolución en Puebla.

19

1910. Aquiles Serdán, revolucionario opositor a Porfirio Díaz, es asesinado en la ciudad de Puebla.

20

Aniversario de la Revolución Mexicana (la bandera se iza a toda asta).

1824. El Congreso de la Unión declara que la Ciudad de México se convierta en el Distrito Federal, sede de los Poderes de la Federación y capital de la república.

1910. Bajo el lema "Sufragio efectivo. No reelección" se inicia la Revolución Mexicana.

21

1831. Fundación del Museo Nacional.

1908. Madero publica su libro *La sucesión presidencial en 1910.*

1922. Ricardo Flores Magón muere asesinado en la cárcel de Leavenworth, Estados Unidos.

22

1896. Fallecimiento de Vicente Riva Palacio, que dirigió la obra histórica *México a través de los siglos.*

23

Día de la armada de México (la bandera se iza a toda asta).

1855. Se expide la Ley Juárez, que suprime los fueros militares y civiles.

1914. Desocupación del puerto de Veracruz por parte de los invasores estadunidenses.

24

1902. Creación del estado de Quintana Roo.

1957. Fallecimiento del pintor Diego Rivera.

25

Día mundial contra la violencia intrafamiliar y hacia las mujeres.

1550. Toma posesión como segundo virrey de la Nueva España, Luis de Velasco, que prolongó su mandato hasta el 31 de julio de 1564, año en que muere en la Ciudad de México.

1876. Rafael Martínez de la Torre, abogado de Maximiliano de Habsburgo, muere en la Ciudad de México.

26

1914. Venustiano Carranza instala el gobierno constitucionalista en Veracruz.

1919. Felipe Ángeles, general revolucionario, es fusilado en Chihuahua.

27

1781. Muere Pedro Romero de Terreros, fundador del Nacional Monte de Piedad.

1911. Se publica el decreto que prohíbe la reelección tanto del presidente como de los gobernadores de los estados.

28

1911. Se publica el Plan de Ayala, escrito por Emiliano Zapata y el profesor Otilio Montaño, el cual desconoce al gobierno de Francisco I. Madero y plantea un programa agrario.

29

1950. Se inaugura el aeropuerto internacional de la Ciudad de México.

30

1787. Natalicio del insurgente Andrés Quintana Roo.

DICIEMBRE

1

Día mundial de la lucha contra el SIDA.

Cada seis años, ceremonia de toma de posesión del presidente de la república mexicana.

1904. Tras modificar la constitución para su sexta reelección, el presidente Porfirio Díaz inicia su mandato para un periodo de seis años, y que han de seguir como norma los siguientes presidentes hasta el día de hoy.

2

1822. Depuesto López de Santa Anna del mando político y militar de Veracruz por el emperador Iturbide, se levanta en armas en Jalapa contra el imperio, junto con don Guadalupe Victoria y Pérez de Lebrón, con el lema "República y congreso".

1857. Se crea la Escuela Nacional Preparatoria.

1867. Entra en vigor la Ley Orgánica de Instrucción Pública, la cual reforma el sistema educativo en el Distrito Federal, así como la educación primaria, secundaria y profesional.

3

1530. Fundación de la ciudad de Guadalajara.

1827. Fallecimiento de fray Servando Teresa de Mier, teólogo liberal, político, periodista, historiador, orador y radical luchador de la Independencia de México.

1942. El presidente Manuel Ávila Camacho promueve la Ley del Seguro Social.

4

1827. Natalicio de Francisco Zarco, político liberal.

1860. Se expide la ley sobre la libertad de cultos.

1914. Francisco Villa y Emiliano Zapata suscriben el Pacto de Xochimilco.

5

1810. Miguel Hidalgo y Costilla publica un decreto sobre la devolución de tierras a los indígenas.

1812. Los periodistas liberales partidarios de la independencia de México, José Joaquín Fernández de Lizardi y Carlos María de Bustamante, son hechos prisioneros por las autoridades virreinales.

1928. Se establece el seguro del maestro, con beneficios de seguridad colectiva.

1953. Muere en Los Ángeles California el famoso Charro Cantor y actor del cine nacional, Jorge Negrete, originario de Guanajuato.

6

1810. Decreto de Hidalgo para la abolición de la esclavitud.

7

1923. Manifiesto rebelde de Adolfo de la Huerta en contra de Álvaro Obregón y Plutarco Elías Calles.

8

1659. Se funda Paso del Norte, hoy Ciudad Juárez, Chihuahua.

1886. Natalicio del músico Manuel M. Ponce.

9

1856. Se erige el estado de Colima.

1873. Surge el periódico independiente *El Pueblo.*

10

Día mundial de los derechos humanos.

1948. La Organización de las Naciones Unidas (ONU) hace la declaratoria de los Derechos Humanos.

11

1855. Ignacio Comonfort es nombrado presidente provisional de la república.

12

1914. Venustiano Carranza expide el decreto de adiciones al Plan de Guadalupe.

1966. Se expide el decreto que crea la Academia de Arte.

13

1527. Establecimiento de la primera audiencia en México.

1810. Miguel Hidalgo e Ignacio Allende firman el primer tratado con Estados Unidos, constituyendo el primer gobierno provisional.

14

1853. Natalicio del poeta Salvador Díaz Mirón.

15

1789. Natalicio de Francisco Javier Mina.

1843. Natalicio de José Vicente Villada.

16

1823. El Congreso adopta para el país la forma de gobierno federal.

1916. El presidente Venustiano Carranza convoca a formar un congreso constituyente.

17

1857. Se desconoce la Constitución Federal por medio del Plan de Tacubaya.

18

1866. Empiezan a embarcarse en Veracruz las tropas francesas de intervención, dejando con pocos elementos a Maximiliano de Habsburgo.

1901. Se publica la ley electoral que establece que la renovación de los poderes federales será por elecciones ordinarias cada dos años.

19

1883. Natalicio del filósofo Antonio Caso.

1857. Ignacio Comonfort ratifica el Plan de Tacubaya.

20

1810. Se publica *El Despertador Americano*, primer periódico insurgente.

21

1560. Fallecimiento de fray Pedro de Gante.

22

1815. Fusilamiento de José María Morelos y Pavón en San Cristóbal Ecatepec, hoy municipio del Estado de México (la bandera se iza a media asta).

1860. Batalla de Calpulalpan, que pone fin a la Guerra de Reforma.

1969. Se concede la ciudadanía a los dieciocho años de edad.

23

1813. Son derrotadas las fuerzas insurgentes de Morelos, en Valladolid.

24

1824. El primer presidente de México, Guadalupe Victoria, rinde el primer informe de gobierno en la historia independiente del país.

25

1914. Se promulgan las leyes del municipio libre y del divorcio.

1950. Muere Xavier Villaurrutia, poeta y dramaturgo.

26

1923. Se establece el sistema de husos horarios: hora del este, hora del centro y hora del oeste.

27

1959. Muere Alfonso Reyes, filósofo y escritor.

28

1836. Firma del tratado de paz y amistad entre México y España.

29

1859. Natalicio de Venustiano Carranza (la bandera se iza a toda asta).

1949. Se concede el título de Heroico al Colegio Militar.

1529. Fray Toribio de Benavente (Motolinía), sepulta en el altar mayor de la iglesia del pueblo de Ixcateopan (hoy estado de Guerrero), al rey y señor Cuauhtémoc.

30

1502. Nace Cosijopii, hijo de Cosijoeza, rey zapoteca. Es coronado a los quince años y Pedro de Alvarado, al conquistar la región de Tehuantepec, lo bautizó como Juan Cortés.

31

Clausura anual de sesiones del H. Congreso de la Unión.

1975. Se decreta la ley nacional de educación para adultos.

1899. Natalicio de Silvestre Revueltas, quien se habrá de distinguir como compositor y violinista.

Índice

Colección Biografías

Colección Biografías

Colección Biografías

William Shakespeare
Héctor Zenil Sánchez

Sócrates
José Rodríguez

Sor Juana Inés de la Cruz
Adriana Chávez Castro

Stalin
Everardo Gabino Carlos

Los Beatles
Sergio Gaspar Mosqueda

Vincent Van Gogh
Josefina Torres Pacheco

Editores Impresores
Fernandez S.A. de C.V.
Retorno 7D Sur 20 # 23
Col. Agricola Oriental